La metáfora a escena

*Creatividad, roles
y aprendizaje psicosocial*

César García-Rincón de Castro (2022)

La metáfora a escena.
Creatividad, roles y aprendizaje psicosocial.

1ª Edición
© César García-Rincón de Castro (2022)
Edita: Homo Prosocius (www.prosocialia.org)
ISBN: 979- 8401083845

ÍNDICE

Introducción   7

La máquina de resolver problemas   11

Reunión de papeles   17

Consultoría chapuzas y manitas   23

Las seis gafas de la mejora continua   31

Sombreros de pensar problemas y soluciones   35

Turistas, vigías y marineros   43

Seis gafas para evaluar y decidir   51

La mudanza del YO   55

Los cinco Neurotectos del pensamiento   63

Roles PAN y metacomunicación   69

Cinco guantes para relacionarte con el   77
mundo

Cuatro animales de compañía   87

Las miradas de la solidaridad   95

Poesía colectiva emocionante   101

Comedias improvisadas   111

Derrotista, realista e idealista   119

Temeroso, cuidadoso y temerario   125

Acerca del autor   131

Desde mis inicios en el mundo de la educación y la formación de personas, *siempre he utilizado las dramatizaciones como recurso pedagógico*, por su gran valor didáctico, y también porque son lo más parecido a la vida social, son lo más parecido a un aprender haciendo o aprender representando.

La clave, al menos desde mi experiencia, está en *imaginar un marco de referencia psicosocial en una situación social*, en una escena, representado o vehiculado en los roles de los personajes de la misma. Por tanto, ya sólo queda imaginar esa escena, y transformar la teoría en situación social, asignando roles (actitudes, competencias, valores, dimensiones) a la interacción social dramatizada.

A partir de aquí, *la creatividad y la improvisación de los participantes* en la escena, irán creando el guión, la historia, el argumento, pero siempre dentro de esos parámetros psicosociales, de esa metáfora y de esos roles. Por ello, aunque la *plantilla dramática* sea siempre la misma, si bien cada cual puede ajustarla cambiando o matizando los roles, *la historia en cada acción formativa siempre será nueva* y diferente.

Si a ello le unimos, además, *la metáfora como representación más comprensiva de constructos psicosociales* no siempre alcanzables para el entendimiento de todos los participantes, y aún estando dotados de las capacidades para comprenderlo, como *vehículo de aprendizaje más eficaz*, fácil de retener y memorizar, así como de transferir luego a su propia realidad, tenemos en conjunto una potente metodología de enseñanza – aprendizaje.

Las metáforas activan nuestro *pensamiento creativo, intuitivo, representacional,* y en general del hemisferio cerebral derecho, que unido al hemisferio izquierdo, que también entra en juego en la dinámica de la dramatización, digamos que ello *duplica las posibilidades de aprender y comprender* lo que estamos actuando.

Todas mis propuestas de *metáforas dramatizadas, basadas en marcos de referencia y constructos psicosociales,* me han acompañado durante varios años ya en acciones formativas. Y, si bien es cierto, que muchas de ellas ya han sido publicadas como dinámicas de grupo sueltas, en mi colección Cocinando Aprendizajes, de dinámicas de grupo recortables, en este manual, que además iré ampliando con más ediciones a medida que vaya creando y desarrollando más, las he reunido todas aquí en un compendio que creo va a resultar de mucho interés y utilidad a todos los educadores y educadoras que usan la dramatización como *recurso formativo, de crecimiento personal, y también terapéutico* en algunos casos. También serán de mucha utilidad para la *formación de actores, grupos y compañías de teatro,* y todo lo que tiene que ver con el mundo escénico en general.

Cada una de las propuestas dramáticas está estructurada y organizada en tres apartados, que explico aquí brevemente para un mejor aprovechamiento posterior:

1. Encuadre teórico-situacional. Este apartado es una introducción a la dramatización en la que explico, con mayor o menor extensión en función de la complejidad del marco psicosocial a trabajar, en qué consiste dicho marco, la metáfora que nos va a servir de hilo conductor para el mismo, así como la situación social en que lo vamos a representar. Es esencial para el facilitador/a conocer y comprender este marco para enfocar y llevar mejor la actividad, así como para facilitar este marco a los participantes, generalmente tras la dramatización, revelando la teoría psicosocial que deseábamos trabajar y transfiriéndoles este útil conocimiento, que ahora, tras experiencia dramática, estarán bastante mejor preparados y motivados para recibirlo y comprenderlo.

2. *Roles y personajes.* En este apartado explico y detallo pormenorizadamente los roles y personajes metafóricos que van a formar parte de la escena, con el fin de explicarlos previamente a los y las participantes, generalmente mediante "tarjetas de rol", y que después, puedan improvisar los diálogos e interacciones basadas en el rol de cada cual. Por tanto, en mi propuesta de dramatización no se da el guión, este se improvisa por los personajes, una vez se han metido en el papel y se les ha puesto en situación.

3. *Aplicación en al aula.* En este apartado explico cómo llevar a la práctica la dramatización y toda la actividad en general. Qué hacer y tener en cuenta, materiales, rol del facilitador / formador, así como orientaciones para la reflexión posterior y cierre, siempre necesario para extraer las oportunas conclusiones, transferir lo aprendido a la propia realidad, tanto personal como colectiva, así como fijar mejor los aprendizajes y comprensiones.

Como metodología general de enseñanza-aprendizaje, que podrá intuirse en el desarrollo y aplicación que propongo en cada dramatización, es importante que tengamos en cuenta el ciclo de David Kolb del aprendizaje experiencial, que explico ahora de forma breve aquí.

La Teoría del *Aprendizaje Experiencial* de David A. Kolb se centra en el papel clave que juega la experiencia en el proceso de aprendizaje. Desde este punto de vista experiencial, *el aprendizaje es el proceso mediante el cual construimos conocimiento, a través de la reflexión y de "dar sentido" a las experiencias.*

Las dramatizaciones que aquí propongo constituyen *valiosas experiencias visuales, auditivas y kinestésicas* (movimiento) a partir de las cuales iniciar procesos de aprendizaje más profundos, más allá de estar sentados escuchando una lección en silencio. Para ello, propongo que sigamos la secuencia siguiente de tres pasos, que es un resumen más sencillo y práctico de las 4 fases o etapas del Ciclo de David A. Kolb del aprendizaje experiencial, que podemos ampliar buscando información en internet, o en mi libro *"La claqueta competencial. Otra forma de enseñar, otra forma de aprender"*:

1. Experimentar: se trata de captar la atención y la emoción de los participantes con algo que despierte todos sus sentidos: una buena historia, una buena imagen, una buena canción, un símbolo, un ejemplo genial, un pequeño juego, etc. En este caso, el juego dramático lo logra perfectamente.

2. Reflexionar: se trata aquí de generar un espacio en que puedan expresar y verbalizar lo que han escuchado, lo que han visto, cómo se han sentido, lo que piensan, plantearles preguntas interpelantes y facilitarles los marcos teóricos comprensivos, lo que en el ciclo de Kolb se cuatro pasos se llama "conceptualización abstracta".

3. Aplicar: facilitar una reflexión o producto de aprendizaje como aplicación o transferencia de lo que han aprendido a su contexto habitual, de modo que puedan practicar los valores, hábitos y comportamientos aprendidos a sus vidas y al entorno en que se mueven, trabajan o pertenecen los participantes en la acción formativa.

Como siempre, es mi deseo contribuir con esta propuesta a mejorar el mundo y las personas a través de las competencias humanistas que trabaja, así como contribuir también a difundir y facilitar nuevas pedagogías que mejoren los procesos de enseñanza - aprendizaje y las capacidades didácticas de todas las personas, educadores y educadores, que trabajan en tan noble misión.

César García-Rincón de Castro
Enero de 2022

LA MÁQUINA DE RESOLVER PROBLEMAS

1. Encuadre teórico-situacional.

La metáfora de la Máquina de Resolver Problemas Sociales, o de Gestionar Reclamaciones en una segunda versión para empresa, pone en evidencia nuestras actitudes defensivas y disuasorias (a nivel personal y también a nivel colectivo o de organización) a la hora de ayudar a los demás o de implicarnos corresponsablemente en sus causas y problemas.

La idea de representar una máquina social formada por 6 botones con forma de persona, los cuales se activan y hablan cuando son pulsados en la nariz, uno a uno, me surgió de repente y me cautivó esta visualización dramática, al tiempo que un poco surrealista, pero ciertamente bastante real en las actitudes que representa, como puede verse cuando la llevamos a escena.

2. Roles y personajes.

Los 6 roles de esta situación metafórica están representados en los seis botones de la máquina, que interpretarán 6 voluntarios/as del público participante. Adicionalmente hay un rol de "voz en off de la máquina", con su texto escrito que deberá leer quien lo interprete:

Botón 1. Tendrá un sombrero de policía entre las manos, escondidas en la espalda, y cuando la persona-problema pulsa su nariz (acto de pulsar el botón) se colocará el sombrero y le dirá con tono de voz elevado y firme, regañándole con el dedo índice: *"vergüenza le* *tendría que dar, cómo se atreve a dudar de nuestra calidad y profesionalidad"*.

Botón 2. Tendrá unos guantes blancos en las manos escondidas en la espalda, y cuando pulsen, comenzará a gesticular como si se lavara las manos al tiempo que dice: *"es su problema, Vd. se lo ha buscado, yo tengo las manos limpias"*.

Botón 3. Llevará una pelota entre las manos escondida en la espalda y cuando pulsen, le dará la pelota a la persona con el problema y le dirá *"vaya a la 3ª planta, sección de clientes quejicas"*.

Botón 4. Llevará una bolsa o caja escondida tras la espalda con un letrero escrito que pone "sugerencias". Al pulsar sacará la bolsa, la abrirá y le dirá: *"deposite aquí su problema y en un plazo máximo de dos años le daremos una respuesta"*.

Botón 5. Llevará un cartel escondido tras la espalda que mostrará cuando pulsen, sin decir nada. En el cartel puede leerse: *"estoy en una reunión, vuelva otro día"*.

Botón 6. Llevará unas gafas estilo flower-power escondidas tras la espalda, y cuando pulsen sacará las gafas, al tiempo que cantará aquello de *"Don't worry be happy"* de Bob Marley. Además invitará a todo el público a cantar este estribillo y a hacer algún tipo de movimiento acorde con los brazos.

Voz en off de la máquina:

"Bienvenido al SPGQR, Servicio Público de Gestión de Quejas y Reclamaciones.

Ante sí tiene un innovador aparato desarrollado por los mejores técnicos del momento que están, entre otras cosas, para servir eficazmente al cliente.

Hemos dispuesto 6 botones con forma de persona porque deseamos humanizar la atención al cliente.

Pulse cualquiera de los 6 botones con forma de persona, en la nariz, uno a uno y en el orden que quiera, hasta encontrar la solución que sea más satisfactoria a su problema.

Si alguna solución no le satisface vuelva a pulsar en la nariz de la persona nuevamente y el botón dejará de funcionar.

Esperamos haberle ayudado. Muchas gracias por confiar en el SPGQR Servicio Público de Gestión de Quejas y Reclamaciones ".

3. Aplicación en el aula.

Se piden tres participantes voluntarios/as que salgan de la sala y que irán entrando de uno en uno a medida que les vaya llamando el facilitador animador. A cada uno de ellos se les dará posteriormente (cuando se les vaya llamando para que entren, de uno en uno) un cartel con una problemática social concreta, en función del contexto en que trabajemos el psicodrama: relaciones de pareja, familia, empresa, atención al cliente, etc. Conviene elegir tres problemas especialmente relevantes. Por ejemplo, si estamos en un contexto de atención al cliente, y la máquina representa un servicio automático de gestión de quejas y reclamaciones, los problemas a presentar podrían ser estos:

Cliente 1: "mi servicio de internet es muy lento y me prometieron alta velocidad"

Cliente 2: "he comprado aquí una lavadora que me estropea toda la ropa"

Cliente 3: "ayer compré unas zapatillas y hoy se les ha despegado la suela"

A continuación, y una vez los 3 clientes están fuera de la sala y no saben nada de lo que acontecerá, se piden los 6 participantes voluntarios que serán cada persona un botón-rol de la máquina de resolver problemas sociales.

Estos 6 participantes se pondrán en fila horizontal, frente al público, con las manos en la espalda escondiendo sus objetos-atrezzo, y serán la máquina pública de resolución de problemas.

A medida que van entrando de uno en uno los participantes-clientes que están fuera de la sala, sin decirles nada, se les pondrá de pie frente a la máquina o bien sentados en una silla frente a dicha máquina (como si fuera la *sala de espera*), se les dará un cartel con un problema, y otro participante voluntario/a, *como si fuera la voz en off de la máquina leerá las instrucciones de la misma* (ver apartado 2 de roles del psicodrama) a través de un megáfono realizado con una botella grande de plástico a la que previamente hemos quitado el fondo de la botella (se habla por la boca de la botella), la idea es que *suene a máquina*. Es importante que hable desde atrás, para que el cliente no le vea, y ello provoque más incertidumbre y tensión escénica: el público ha de permanecer en absoluto silencio.

Una vez que los tres participantes de fuera han terminado y hemos observado reacciones de los y las participantes, abriremos un coloquio entre todos acerca de las respuestas que suelen darse a los problemas en nuestro contexto o situación (pareja, familia, empresa, organización, etc.), tratando de identificar las actitudes de la máquina con algunas de nuestras actitudes cuando afrontamos un problema de otros:

-La actitud firme y rígida del policía, que se enfada y se esconde tras los "debería" de sus propios principios...

-La actitud del que se lava las manos y atribuye el propio marginado su problema sin tener en cuenta las circunstancias sociales y la falta de oportunidades...

-La actitud de pasar la pelota a otros, de quitarse el problema de encima...

-La actitud de "hágame una sugerencia" y ya veré cuando puedo verla ... sugerencias que acaban en la basura...

-La actitud de mis obligaciones y cosas importantes que no dejan tiempo para atender a las necesidades de los demás...

-La actitud de restar importancia a las cosas, de no querer o saber ver la gravedad de las situaciones...

Una conclusión general de estos 6 botones o actitudes o mecanismos de defensa: ¡todos son anti-empatía!

REUNIÓN DE PAPELES

1. Encuadre teórico-situacional.

Esta metáfora dramatizada pretende ayudar a los participantes a identificar su papel habitual o preferido en las relaciones humanas, o sus papeles-roles según tipos de relaciones o situaciones sociales, a partir de la metáfora de diferentes tipos de papeles y sus propiedades: de regalo, de lija, de dibujar, de burbujas, de cocinar, de fieltro, etc.

Es una interesante reflexión para personas que interactúan por inercia o costumbre siempre de la misma manera, o interpretando siempre el mismo papel, sin identificar distintos papeles en las situaciones interpersonales ni poner en práctica otras opciones en su repertorio conductual, ni plantearse la posibilidad de asumir o interpretar otros papeles-roles más estratégicos y eficaces en cada situación.

En ocasiones, adoptar un papel distinto, en lo que se refiere a nuestra actitud ante una situación o problema, y no tanto a nuestro rol social, puede ser suficiente para cambiar una situación y los resultados de la misma. Pensemos por ejemplo en una persona que siempre está en modo "papel de lija" en la relación con sus hijos, y de pronto decide ponerse en modo "papel de fieltro". Si esto lo llevamos al terreno del lenguaje verbal, no es lo mismo usar palabras lija, ásperas y abrasivas, que usar palabras fieltro, suaves y acogedoras. Lo mismo podemos decir del lenguaje no verbal expresado en gestos y posturas corporales.

<u>2. Roles y personajes.</u>

Pensando en todos estos papeles que voy comentando, yo propondría algunos de los siguientes (no es necesario que sean todos) en una sesión de trabajo y reflexión:

Papel de escribir en blanco. Es un papel en blanco, y sobe el se puede escribir o dibujar lo que se quiera. Puede simbolizar muchas cosas: libertad de hacer, o ausencia de información en el rol, etc.

Papel de escribir pautado o cuadriculado. A diferencia del anterior, el papel pautado o cuadriculado implica menos libertad y creatividad, cosas que ya están predefinidas, organizadas y pautadas de antemano, unos límites de los que no podemos salirnos.

Papel de acetato transparente. Este papel es resistente y flexible, difícil de romper. Al ser transparente, puede simbolizar transparencia y sinceridad.

Papel de celofán en color. Es un papel que lo hay en diversos colores, y por ello puede significar la capacidad de ver las cosas en color, con diferentes filtros.

Papel seda. Es un papel muy suave, no pesa mucho, hace un ruido agradable al tacto. Puede simbolizar la suavidad, delicadeza y tacto en las relaciones.

Papel de lija. Es un papel que se utiliza para lijar superficies, y pude simbolizar el limar asperezas, pero también es abrasivo.

Papel de fieltro. Es un papel que se utiliza para suavizar las superficies, de tapete o mantel, y también para hacer disfraces o vestidos.

Papel de regalo. Es el papel por excelencia para hacer regalos y detalles a los demás, puede simbolizar la importancia de los detalles, elogios, cumplidos, la necesidad de celebrar en grupo.

Papel de aluminio. Es el papel de la conservación de los alimentos, y puede simbolizar un rol de conservar las cosas importantes del equipo y las personas, los valores y motivaciones, nuestros sentimientos.

Papel de cocinar. Es el papel que se utiliza para poner las pizzas y las quiches en el horno, por lo tanto aguanta muy bien las altas temperaturas, y nos ayuda a sostener mejor la masa madre en los entornos de alta temperatura emocional, por ejemplo.

Papel antiguo o pergamino. Es el papel donde se escriben las cosas importantes, los principios, las grandes frases y valores, las cosas valiosas o tesoros.

Papel burbuja. Es el papel que se utiliza para envolver cosas y protegerlas, nos aproxima pues a un rol de protección de las personas, protección emocional...

Papel de cocina. Es el papel de limpiar los restos, las cosas, también sirve de servilleta, incluso de pañuelo...

3. Aplicación en el aula

Conviene que pongamos todos los papeles a la vista, y junto a los mismos una tarjeta de rol con la misma información sobre cada papel que he puesto en el apartado 2 (roles y personajes).

Hay muchos tipos de papeles y para muchos tipos de usos, de modo que, como primer ejercicio, vamos a plantear a nuestros participantes que elijan, entre la muestra de diferentes tipos de papeles-roles (de regalo, de lija, de escribir, transparente, de dibujar...), con qué papel (rol) se identifican más en este grupo y por qué, haciendo una *metáfora del rol que representa cada tipo de papel en un grupo.*

También les podemos pedir que digan qué papel les gusta más y cuál les gusta menos, qué papeles han visto y cuáles no, qué papeles ayudan a construir grupo o relación humana, y cuáles no, etc.

Observaremos que *la tendencia inicial,* a la hora de reflexionar sobre los distintos papeles en un grupo o en una relación interpersonal, es a *dividir los papeles en buenos y malos.* Pero esta simple división nos hace ser muy limitados en nuestras opciones, porque deberíamos *caer en la cuenta de que todos los papeles pueden tener su versión buena y positiva y su versión no tan buena y disfuncional.*

El papel de lija puede servir para arañar, pero también puede servir para alisar y allanar los caminos de las relaciones humanas, o para limar asperezas, o para lijar los viejos barnices emocionales de las relaciones. El papel de envolver regalos puede servir para envolver cosas buenas, pero también sabemos que hay regalos envenenados tras un envoltorio muy bonito.

La clave de todo esto es lo que llamo yo la *dimensión ética del rol*: todo rol puede ser prosocial o antisocial, y eso depende de cada cual y su integridad moral.

Bien, pues además de identificarnos con algunos de los papeles, podemos plantear a los participantes este ejercicio de *identificar la dimensión prosocial* (constructiva y buena) *y la dimensión asocial* (destructiva o desintegradora) *de cada tipo de papel.*

También será interesante que caigamos en cuenta de que *la diversidad de papeles es buena para trabajar juntos* y desarrollar proyectos.

Como segundo ejercicio, y más relacionado con la interpretación de roles en un psicodrama podemos plantear a los participantes que representen, agrupados por equipos, una situación tipo, por ejemplo con 3 participantes – roles, desde los tres papeles que ellos /as elijan al azar, o bien que nosotros les asignemos. Si la situación es, por ejemplo, la de dos padres conversando con su hija acerca de la hora de regresar a casa por la noche, veremos cómo se afronta dicha situación, y qué resultados y datos nos aporta desde los diversos papeles (actitudes) que se representa: no es lo mismo un padre cuadriculado, que una madre lija, o una hija burbuja o de regalo, etc.

CONSULTORÍA CHAPUZAS Y MANITAS

1. Encuadre teórico-situacional.

Chapuzas y manitas representan *dos culturas* bien diferenciadas en la gestión de personas, el ayer y el hoy de los recursos humanos, la orientación humanista frente a la orientación sólo a los beneficios, o la instrumentalización de las relaciones laborales.

La escena de esta dinámica es un despacho de consultoría de Recursos Humanos al que van llegando diferentes tipos de clientes, 5 en total, cada uno presentando un caso diferente.

Tenemos dos consultores, un "chapuzas" y un "manitas", y como es lógico, cada cual da una solución diferente al caso, primero habla el manitas y luego el chapuzas, según el guión escrito que tienen que ir leyendo, e interpretando todo lo que puedan.

La metáfora va a estar representada, sobre todo, en *las herramientas* (competencias y actitudes) que va a aconsejar cada uno de los consultores a los clientes para resolver sus problemas. En este sentido, hay *herramientas chapuzas* y *herramientas manitas*.

2. Roles y personajes.

Esta dramatización metafórica se desarrolla, como he avanzado, en 5 casos prácticos o situaciones en las que 5 clientes, elegidos al azar de entre el público o participantes en la escena, acuden a una consultoría en la que hay dos consultores/as: *el chapuzas* y *el manitas*.

A cada uno de estos clientes se les dará una *tarjeta de rol* en la que estará escrito, más o menos, lo que tienen que decir al llegar a la oficina de los consultores. Tal y como se detalla en los guiones siguientes. Los consultores por su parte, también tienen un texto acerca de lo que tienen que responder a cada uno de los 5 clientes.

Caso 1. Empleado desmotivado.

<u>Cliente 1</u>: Tengo un empleado que no rinde lo suficiente en el trabajo. El dice que su tarea es muy monótona y aburrida y que nunca le preguntamos cómo quiere organizarse su trabajo, pero yo creo que esta persona en el fondo no tiene capacidad de adaptación al puesto.

C. Manitas: hay que motivarle y adaptar más el puesto a la persona, y no al revés. Tiene razón su empleado en que hay que preguntarle a él, la sensación de participar en el diseño del puesto puede ser un buen elemento de motivación.

C. Chapuzas: un buen palo para motivarle es lo que necesita, mano dura con estos vagos. Todo directivo ha de proveerse de **un buen martillo**, los empleados son vagos por naturaleza y como no se les trate con mano dura, le hunden la empresa...

Caso 2. Comerciales de cosméticos.

<u>Cliente 2</u>: Acabo de montar una empresa de cosméticos a domicilio y mis comerciales nunca llegan a todos sus objetivos a final de mes, se llevan muy bien con las clientas, hasta han quedado para cenar y se

saben su vida entera, pero venden por debajo de mis expectativas.

C. Manitas: usted lo ha dicho, acaba de montar la empresa. La buena relación de sus vendedoras con las clientas es un buen camino para fidelizar y hace presagiar mejores resultados a medio plazo.

C. Chapuzas: dígales que dejen de perder el tiempo con las clientas y que vayan al grano, necesita tomar medidas inmediatamente **con este metro** de medir. Mida el tiempo estándar que se debe tardar en una entrevista a domicilio y no les pague ni un minuto más, ya verá como espabilan y dejan de cotillear....

Caso 3. Problemas en la cadena de producción.

<u>Cliente 3</u>: Soy supervisor de una cadena de montaje de ordenadores y estamos teniendo bastantes quejas de parte de los clientes sobre fallos técnicos en los equipos. El caso es que las relaciones humanas entre las personas de la cadena no son nada buenas. Yo trato de conciliar, de motivar, de consultarles sobre cómo quieren organizar sus puestos, pero esto viene de hace mucho tiempo, incluso antes de entrar yo aquí. Mis jefes me han pedido un informe detallado de lo que pasa, y si les digo la verdad me temo que me van a dejar en la calle.

C. Manitas: si son buenos jefes y comprenden el problema de relación humana que hay, lo entenderán. Ellos deben saber lo que pasa ahí hace tiempo y usted debe informarles al detalle de todo lo que ocurre, incluso aportarles soluciones. Hay que pensar en solucionar el problema, y no tanto en las consecuencias. Si sus jefes deciden hacerle a usted responsable injustamente de esa situación, usted no se merece trabajar para esos jefes ni un día más.

C. Chapuzas: usted debe velar por sus intereses lo primero, todo el mundo maquilla los resultados, a ver si va a ser usted el único tonto aquí. Ande, *tome esta brocha* y péguele a la realidad unas cuantas capas para tapar la suciedad, que no se note que las cosas no funcionan, échele la culpa a los clientes que cada día protestan más por todo...

Caso 4. Pandilla subcultural en mi empresa.

<u>Cliente 4</u>: Soy director de una universidad privada. Tengo una pandilla de profesores que han montado entre ellos una especie de chiringuito alternativo, de hecho los demás les llaman los "alternativos". Estos trabajadores hicieron un curso de creatividad hace poco, y desde entonces se pasan todo el día diciendo que estamos obsoletos y que no innovamos nada, que nuestras metodologías no hacen pensar ni crear a los alumnos. El caso es que me trastocan todos los esquemas y me traen de cabeza. Y lo peor es que cada día ganan más adeptos a su causa.

C. Manitas: esos trabajadores le están gestionando el cambio organizacional. Piense si de verdad su universidad necesita cambiar, si sus metodologías son adecuadas para las nuevas generaciones de jóvenes. Debe dar la vuelta a la tortilla y mirar a esa "pandilla" como aliados en el cambio cultural, más que como enemigos de una estructura que tal vez ya no de respuestas a las preguntas del mundo del conocimiento actual.

C. Chapuzas: mire usted, tiene un cáncer social en su universidad. Debe cortar el órgano enfermo, la pandilla, y extirparla de una vez. Su universidad volverá a renacer. **Tome estas tijeras** y ya sabe, todos a la calle cueste lo que cueste.

Caso 5. Control y supervisión de los expertos.

<u>Cliente 5</u>: Buenos días, dirijo un gabinete de expertos y profesionales en consultoría de recursos humanos en las mejores empresas de este país. El caso es que los trabajadores son muy buenos, muy competentes, y les pago muy bien claro. Pero me preocupa el control de lo que hacen, de si realmente trabajan o no, ya que algunos van todos los días a jugar al golf, luego se toman dos días libres de repente y se van a la playa. El caso es que nuestros clientes están muy satisfechos y cada día nos llaman más, pero me preocupa que esto deje de funcionar.

C. Manitas: no tiene usted que preocuparse. En estos niveles de competencia socio-profesional no tiene sentido hablar de mecanismos de control. Son personas de alta competencia social y humana, que saben ellos mismos auto-controlarle, son responsables y expertos. El trabajo que usted les propone encaja muy bien en su estilo de vida: necesitan despejar su mente en el golf, o irse dos días a pensar cómo resolver los retos que les plantea la consultoría. En realidad estas personas trabajan hasta jugando al golf, donde de repente se encuentran con la idea que buscaban en el hoyo n° 7.

C. Chapuzas: vaya pedazo de problema que tiene usted. Les paga una pasta y encima están todo el día que si golf, que si me voy de vacaciones. Esos son de los que viven del cuento y luego no resuelven nada, ya me los conozco yo. **Tome esta cinta adhesiva** y átelos en corto a la silla: de la oficina no se mueve nadie si no es para ir a ver clientes. Debe instaurar los más modernos mecanismos de control, controlar sus llamadas de móvil, poner algún espía privado para ver dónde van de verdad. Y si alguno se va a jugar al golf, inmediatamente pone a otro en su silla, y cuando vuelva le da la carta de despido para que vaya a jugar el golf toda su vida.

3. Aplicación en el aula.

El chapuzas debe caracterizarse como tal (gorra de visera al revés, un lápiz en la oreja, etc.), y el manitas también (en general algo más arreglado y ordenado).

En el caso del consultor *chapuzas*, además debemos proveerle de las distintas herramientas que va a entregar a cada cliente. Pueden ser herramientas físicas o bien ilustraciones en papeles. Estas herramientas representarán las formas de hacer las cosas de modo poco humano y poco profesional, la *cultura chapuzas*, justo lo que deseamos poner en evidencia para luego reflexionar sobre ello, en contraposición con el consultor de la *cultura manitas*, que representa el buen *saber, saber hacer y saber ser* en la atención al cliente y la ayuda a otros en general.

Antes de comenzar con la representación, se repartirán al azar, o bien, pidiendo voluntarios/as, las tarjetas de los 5 clientes, para que, en ese orden (cliente 1, cliente 2, etc.) vayan entrando en la escena de la consulta (generalmente llamando a una puerta imaginaria y sentándose al otro lado de la mesa en que están ambos consultores, uno a cada lado).

Conviene adecuar la escena, si se puede, tipo despacho de consultoría, con una mesa de atención al cliente, en la que estarán visibles los visores con los nombres de ambos consultores: *chapuzas* y *manitas*.

El guión escrito de los consultores y de los clientes, es orientativo, si bien conviene interpretar y, si es posible, enriquecerlo un poco con algo de creatividad personal, para que no resulte monótono.

Tras la interpretación se hará una reflexión sobre ambos estilos de consultoría, chapuzas & manitas, y lo que representa cada uno en otros ámbitos de nuestra vida, como la familia, la pareja, el trabajo, etc.

Algunas preguntas que pueden guiar nuestra reflexión son las siguientes:

- ¿Qué experiencia personal tenemos de gestión de personas en los trabajos que hemos desarrollado? ¿Hemos visto chapuzas o manitas de las relaciones humanas?

-¿Qué simboliza el martillo, en qué comportamientos se concreta, hay golpes psicológicos?

-¿Qué simboliza la cinta, de qué formas se puede tener atada a una plantilla o a una persona?

-¿Somos milimétricos con las relaciones humanas? ¿Tomamos la medida de todo? ¿Hacemos balance exacto de lo que damos y lo que recibimos en las relaciones de trabajo o humanas? ¿Dónde queda la gratuidad, lo prosocial, dar sin esperar nada a cambio?

- ¿Somos de cortar los problemas "por lo sano" o más bien de tratar de repararlos o de unirlos? ¿En el

trabajo se prescinde con facilidad de los que se considera que no sirven?

- ¿Qué simboliza la brocha? ¿Vivimos en un mundo que maquilla la realidad, que tapa los problemas? ¿Cómo se gestionan los problemas en el trabajo, se escuchan de verdad?

LAS SEIS GAFAS DE LA MEJORA CONTINUA

1. Encuadre teórico-situacional.

La mejora continua implica, en buena medida, *una forma de percibir la realidad y estar en ella*, un estar conscientes en lo que se hace, monitorizando que se haga bien, incluso pensando cómo se podría hacer mejor. Implica no conformarse en la comodidad de haber alcanzado un estándar aceptable o bueno, sino también pensar un poco más allá, sobre todo cuando el entorno o las condiciones cambian.

Como implica tener esa mirada presente y activa, haciendo *desde dentro*, al tiempo que una mirada distante y evaluativa, reflexionando *desde fuera*, propongo *seis tipos de gafas metafóricas* que nos pueden ayudar a trabajar este importante valor y competencia personal y cultural.

2. Roles y personajes.

La metáfora de las 6 gafas de la mejora continua se puede trabajar en una *dramatización* asignando a 6 personas los seis roles que representan las 6 gafas. Hoy día además es relativamente sencillo encontrar en el mercado (tiendas de disfraces o de artículos de fiesta) diferentes tipos de gafas, y en concreto 6 gafas que representen los seis enfoques o dimensiones de la mejora continua. Junto con esas gafas, que siempre aportan vistosidad a la dinámica, asignaremos a cada participante en la escena (6 en total) una de las tarjetas siguientes, que le ayudarán mejor a representar su papel o punto de vista:

Gafas económicas. Todo proceso de mejora continua implica rentabilizar las inversiones, ingresos y costos para maximizar los beneficios, pero no a cualquier precio. Este principio básico no hay que verlo sólo en términos materiales, sino también en los inmateriales y sociales. Determinados recortes económicos o de recursos a corto plazo, suelen tener costes emocionales y motivacionales que pasan factura a medio y largo plazo en forma de bajos resultados, que luego implican altos costes para reflotar la situación.

Gafas de los detalles. La mejora continua implica fijarse en los detalles, en las partes del todo y de los procesos, ya que es ahí, en la atención a los detalles, donde se descubren las debilidades del sistema así como las posibilidades de mejora, agregando valor a los procesos. Esto se consigue estando presentes y conscientes en lo que hacemos, haciendo de la mejora continua un ingrediente de nuestra atención, una especie de centinela mental que detecta las mejoras en el momento.

Gafas de los procesos. De forma complementaria a las gafas de los detalles, las gafas de los procesos nos ayudan a mejorar las relaciones entre las partes del sistema o unidades de trabajo, implementando los cambios o mejoras de sus partes de forma lógica en el todo, haciendo los reajustes necesarios, ya que al cambiar una sola pieza o hábito, se puede ver alterada toda la cadena de valor. Gafas de los detalles y gafas de los procesos deben ir siempre unidas para saber ver la parte en el todo, la pieza en la maquinaria.

Gafas creativas. La mejora continua implica muchas veces hacer las cosas de forma diferente para obtener resultados diferentes, mejores resultados claro. Todo ello implica una mente y unos equipos con inteligencia creativa, una cultura de la innovación constante, dibujar "rutas del ingenio" alternativas al camino que siempre seguimos. Y como toda innovación, implica cierta tolerancia al error, asumir algunos riesgos controlados, y una creatividad al servicio de la innovación, es decir, como un medio para la mejora, y no tanto un fin en sí misma.

Gafas del cliente. Por supuesto, todo proceso de mejora continua precisa de la perspectiva de la opinión del cliente. Muchas veces es el cliente o usuario final de nuestros servicios, tanto interno como externo, la mejor consultoría y la más barata, el que realmente nos da la medida de la satisfacción de su necesidad con nuestro servicio, y el que puede aportarnos sugerencias valiosas para mejorar nuestros procesos y detalles. Ponerse en el lugar del cliente, así como pedir su opinión con todo el servicio, es clave para la mejora continua.

Gafas del tiempo. El tiempo es una variable y dimensión clave en todo proceso de mejora continua. Pero tenemos que verlo más allá de hacer las cosas en el menor tiempo posible: menos tiempo no siempre es más calidad y más satisfacción del cliente. Depende para qué servicios, el cliente prefiere que duren más tiempo, incluso una respuesta en poco tiempo, puede hacer sospechar al cliente de falta de interés personalizado. Por ello el tiempo debe tener *visión matemática* y *visión metafísica*, es decir, valor de rapidez en la satisfacción sustancial y valor de lentitud en la satisfacción existencial.

3. Aplicación en el aula.

En primer lugar es conveniente procurarse unas gafas que simbolicen la función o enfoque de cada una de las 6 gafas, o en su defecto fabricarse unos visores o tarjetas grandes con los nombres de cada una de las gafas e incluso con algún símbolo típico que las identifique.

Una vez preparados todos los materiales, es decir, las tarjetas de rol con las gafas, las gafas o los visores, así como seleccionadas las 6 personas (voluntarias) que van a salir a realizar la dramatización, el facilitador/a iniciará la dinámica invitando a los participantes a hablar, cada cual bien ajustado en su papel-gafas, sobre algunos aspectos que hay que mejorar en este grupo, equipo o empresa. ¿Qué aspectos? Bien, antes de la dinámica conviene informarse bien de aspectos de mejora de la empresa / organización, o bien hacer otra dinámica con los participantes, como una *lluvia de ideas* con notas adhesivas, por ejemplo, en la que obtengamos aspectos de mejora, y en ese caso el equipo de las 6 gafas-personaje, conversará acerca de esos aspectos que se han evidenciado en la dinámica anterior.

No se trata de que lleguen a ninguna conclusión, no es una competición entre las 6 gafas, sino un debate cooperativo desde diferentes puntos de vista, con el objetivo de mostrar y evidenciar la importancia de esta visión poliédrica de la realidad, de los seis enfoques.

SOMBREROS DE PENSAR PROBLEMAS y SOLUCIONES

1. Encuadre teórico-situacional.

Hay una parte del trabajo en equipo que tiene que ver con la personalidad y la valía propia, y otra que tiene que ver con "el personaje", es decir, el rol que asumimos en cada proyecto de trabajo compartido. Esta segunda dimensión es muy importante, pero siempre dados unos niveles de valía aceptables (competencias personales y profesionales), que generalmente se cumplen, si la selección previa está bien hecha.

La capacidad de asumir un rol, un personaje dentro de un reparto, y de identificarse con él, es clave, dado que al final somos actores sociales, nos pasamos la vida actuando en cada situación. Erving Goffman, uno de los mayores expertos en el enfoque dramático de la vida cotidiana, lo explica y demuestra sobradamente en varios de sus trabajos y publicaciones.

Y una persona es tan eficaz, y también tan feliz, cuanto más roles y personajes sea capaz de asumir en diferentes situaciones. Elegir el personaje-rol adecuado para cada situación, nos hará ser más eficaces y resolutivos. Y también más motivados, ya que muchas veces la desmotivación deriva de la falta de herramientas, de repertorios de acción, o de cortedad de miras: cuantos más puntos de vista sepamos manejar y enfocar, más opciones y conocimiento tenemos de una realidad.

No olvidemos que un simple rol implica en realidad tres dimensiones: *conocimiento del papel* (saber), *interpretación del papel* (saber hacer) y *actitud en el papel* (saber ser). Catalogar a alguien como un buen o mal actor social, en una situación dada, suele estar relacionado con su conocimiento del rol (saber), su pericia como tal (saber hacer) o con su actitud en el rol (saber ser). Un camarero muy hábil en el servicio, que además conoce a la perfección todos los productos y platos, y que además tiene una buena actitud de servicio al cliente, será evaluado siempre como "un excelente camarero".

Cuando estamos en un equipo de trabajo, elegir los personajes y reparto de roles adecuado para cada objetivo, es clave y crítico para el éxito de la tarea. Esta elección suele ser siempre inconsciente, y como tal, no siempre eficaz: los problemas surgen cuando faltan personajes clave, cuando el reparto de papeles no se ha hecho de la mejor forma posible, cuando todos queremos ser el mismo personaje, o cuando estamos trabajando con personajes anti-equipo o tóxicos, que dificultan y ponen trabas al mismo.

2. Roles y personajes.

Voy a explicar los que serían para mí los 8 personajes más relevantes que aparecen en la mayoría de los equipos, así como de historias personales y modos de relacionarse en general con otros: hay 4 que facilitan y otros 4 que dificultan, por ello la dinámica sirve tanto para tomar conciencia de los que no aportan y prevenirlos, como para tomar conciencia de los que sí aportan y potenciarlos. A cada uno de los personajes-roles, le vamos a asignar un sombrero característico y vamos a explorar cómo piensan y cómo actúan.

Roles-sombreros que dificultan *o bloquean el trabajo en equipo:*

Casco PROTECTOR. Con este sombrero nos protegemos para que el tema no nos implique ni nos complique la vida. Es un tipo de protección emocional, no queremos sentir, y es un tipo de protección mental a base de auto-justificaciones para convencernos de que en realidad el problema o el reto no va con nosotros.

Policía ACUSADOR. Con este sombrero en realidad no afrontamos el reto o el problema, porque nos enfocamos en la personalidad y las motivaciones de los demás, a quienes no dudamos en acusar y en condenar con diversos adjetivos siempre negativos: como no creemos en la responsabilidad y la capacidad de los demás, les controlamos.

Mago ENCANTADOR. Con este sombrero hacemos magia mental, con cierta habilidad y trucos mentales nos olvidamos de los retos y problemas ¿Cómo? Hay varias maneras: no hablando de ello, enfocándonos en otras cosas más agradables, dejando pasar el tiempo a ver si se nos olvida, encantándonos con otras cosas...

Torero EVITADOR. Con este sombrero, como los buenos toreros, hemos aprendido a torear los problemas y a pasárselos a otros, para que a nosotros no nos hagan daño. Unas veces apelamos a que no sabemos, o no tenemos la suficiente responsabilidad, o no tenemos tiempo, incluso a veces echamos un capote a otros para quitarles de encima la responsabilidad del problema.

***Roles-sombreros** que **facilitan** y potencian el trabajo en equipo:*

Aventurero EXPLORADOR. Con este sombrero nos aventuramos, nos inspira el proyecto o el problema por lo que tiene de reto y de desafío a nuestras capacidades. Por ello indagamos, nos adentramos a descifrar las causas, la fórmula, y también salimos de nuestra zona de confort a buscar lo que nos hace falta para lograr el objetivo.

Graduado SABIO. Con este sombrero recordamos a nuestros grandes mentores, a las personas que han sido capaces de grandes logros, y han desarrollado modelos y soluciones probadas. Por ello indagamos, preguntamos o hablamos con los que más saben del tema en cuestión, pidiendo su ayuda y consejo para nuestro proyecto.

Cocinero INNOVADOR. Con este sombrero, como los buenos cocineros/as, somos capaces de pensar de otra manera para conseguir resultados diferentes. Incluso con la nevera medio vacía, llegamos a elaborar buenas recetas. Para ello pensamos al revés, asociamos cosas que antes nadie había unido, buscamos nuevos usos a las cosas o nos liberamos de antiguas recetas mentales.

Gorra de ENTRENADOR. Con este sombrero ejercemos como los buenos coach y entrenadores: desde nuestra experiencia y nuestras habilidades vemos que el proyecto o reto está hecho para nosotros y realmente tenemos cosas que enseñar a los demás para que mejoren y crezcan, con mentalidad ganadora y de superación colectiva.

3. Aplicación en el aula.

Necesitaremos crearnos unas tarjetas de rol de cada uno de los sombreros, incluyendo en las mismas el nombre del sombrero – rol así como la información descriptiva de los mismos que he hecho en el apartado anterior, para que cada actuante en la escena dramática se meta bien en su papel antes de interactuar, o lo pueda consultar mientras está interactuando.

Si bien aquí estamos hablando de aplicar estos sombreros para trabajar en equipo, el lector/a experimentado ya en trabajo con personas, se habrá dado cuenta de que pueden utilizarse estos sombreros más allá del trabajo en equipo, en otras áreas como por ejemplo:

-Motivación de personas y equipos: sombreros motivadores y sombreros desmotivadores.

-Afrontamiento de problemas y conflictos: sombreros prosociales-resolutivos y sombreros tóxicos-defensivos.

-Prevención de riesgos laborales, tanto físicos como psicológicos: sombreros de prevención proactiva (antes de que los accidentes ocurran) y sombreros de prevención reactiva (cuando los accidentes ya han ocurrido).

-Terapia, aprendizaje y desarrollo de personas: sombreros constructivos-positivos y sombreros destructivos-negativos. Pensemos por ejemplo, cómo educan unos padres a sus hijos, desde sombreros preferentemente reactivos (policía, torero, super-

protector, predicador, etc.) o desde sombreros preferentemente proactivos (explorador, creativo, sabio, entrenador, etc.).

-Relaciones interpersonales en general: sombreros que fortalecen-nutren la relación y sombreros que debilitan-envenenan la relación.

Otro aspecto a tener en cuenta de los sombreros es que podemos utilizarlos de dos formas:

a) En el tiempo: de esta manera utilizamos todos los sombreros a la vez por diferentes personas, o bien por la misma persona que experimenta una realidad desde varias ópticas o posibilidades (técnica del "círculo de los puntos de vista" o de la "diversidad cognitiva").

b) A través del tiempo: de esta manera utilizamos los sombreros en clave de proceso o secuencia lógica, poniéndonos un sombrero en cada una de las distintas fases del proceso. El éxito de esta forma de usarlos, es definir bien "el orden lógico y verdaderamente eficaz" de los sombreros para cada situación. Este orden puede incluir, tanto sombreros proactivos como sombreros reactivos (en el sentido de explorar en determinadas fases los mecanismos de defensa o barreras que hay que superar).

Los sombreros pueden utilizarse por separado, los 4 proactivos (facilitadores) por un lado, y los 4 reactivos (bloqueadores) por otro lado, para comparar los *dos tipos de culturas*, enfoques o modos de ver la realidad y afrontar los problemas. Pero también pueden utilizarse mezclándolos, para experimentar cómo en realidad, en las situaciones cotidianas, o incluso en nuestras cabezas, suelen convivir ambos tipos de formas de pensar y actuar: la conclusión es identificar ambas para afianzar unas y desprenderse de las otras.

Lo ideal y lo que yo recomiendo, es hacerse con los 8 sombreros reales y físicos, disponibles por ejemplo a buen precio en Amazon, o bien en tiendas de fiestas, disfraces y bazares en general a precios asequibles. Pero como no siempre está disponible para todos el adquirirlos, y si por ejemplo tenemos que viajar con ellos, ocupan bastante espacio, para eso nos podemos construir unas láminas o identificadores tipo congreso o evento (plastificados y con una cuerda para colgárselo cada cual) con el dibujo y el nombre del sombrero impreso en los mismos, y los utilizamos en cada participante para representar su rol.

Aunque ya he comentado algunas ideas en los textos anteriores, facilito aquí las principales cuestiones para guiar la reflexión y el trabajo posterior, tanto si utilizamos los sombreros con un equipo, como si los utilizamos con una persona, una pareja, una familia o una relación comercial.

-Una primera reflexión debe ser acerca de la toma de conciencia de los propios sombreros de cada cual: *¿cuáles son mis sombreros más habituales de ambos tipos*, los proactivos y reactivos?

-También puede ser interesante que cada persona o equipo identifique *qué sombrero/s utilizaría ahora para resolver mejor sus retos y problemas.*

-¿Qué sombreros suelen llevar puestos las personas con las que trabajo? ¿Qué sombreros echo en falta en mi equipo?

-¿Cómo trabajar eficazmente con personas de roles-sombreros reactivos? Depende la situación y de las personas, no siempre es fácil un cambio de actitud o de sombrero en otros, pero siempre podemos hacer propuestas sobre nuevas formas de enfocar las cosas, o nuevos sombreros que podríamos utilizar. Pero en cualquier caso *es esencial defusionar a la persona de su rol: nunca etiquetar a nadie* de acusador, evitador, etc., sino más bien hablar de la conducta, por ejemplo, "tu comportamiento evitador, acusador, etc., no contribuye a solucionar este problema". Cuando nos centramos en el comportamiento y no en la personalidad del otro, es más fácil *solucionar los problemas sin perder o deteriorar la relación* personal.

-¿Podemos emparejar los sombreros como dos contrarios? ¿Cuál sería el contrario del navegante? ¿Y el contrario del cocinero? ¿Y el contrario del entrenador? Bueno, es posible que un sombrero proactivo tenga dos contrarios reactivos. Esta identificación puede ser interesante para proponer nuevos roles más funcionales, como alternativos a los reactivos-disfuncionales.

-¿Cómo gestionamos un reto o problema con los 4 sombreros proactivos? ¿Qué ocurriría si lo gestionamos con los 4 sombreros reactivos?

TURISTAS, VIGÍAS Y MARINEROS

1. Encuadre teórico-situacional.

Nuestra sociedad nos presenta una imagen idílica de las islas, que son habituales en los catálogos de vacaciones y escapadas románticas y placenteras. La isla es sinónimo de lugar tranquilo y apacible en el que huimos del mundanal ruido.

Sin embargo, tanta tranquilidad y aislamiento pronto se convierte en un sin sentido, y así las personas solitarias o naufragadas en las islas se las ingenian para volver a la civilización, para echarse a la mar y buscar nuevos horizontes.

Todas las personas tenemos, en cierta medida, una tendencia a construirnos una zona de comodidad o de confort. Esto no es algo negativo, hasta cierto punto, ya que un *clima de confort, seguridad y bienestar*, un equilibrio básico u homeostasis, constituye una aspiración humana esencial.

La zona de comodidad se vive muchas veces como contraposición a la zona de desafío que está fuera: exigencias, compromisos, obligaciones, retos. Nuestro futuro personal y profesional suele estar fuera de esa isla, no dentro. Y *no sólo hay una zona de confort física, también es psicológica y mental*, y ambas están en relación: una mente cerrada y cómoda difícilmente puede acompañar a una persona a ser abierta y proactiva ante los desafíos de la vida.

Si lo pensamos un poco, todas las decisiones importantes que hemos tomado en nuestra vida tienen en alguna medida algo (o mucho) de desafío a la isla, a la zona de comodidad, de escapar del sueño de un mundo sin problemas ni alteraciones. Es cierto que en la zona de comodidad no crecemos ni avanzamos mucho: realmente nos hacemos personas en los desafíos, en las aventuras y en las dificultades que vamos superando.

Siguiendo con el ejemplo de la isla de la comodidad, y la zona de desafío representada por el mar que hay que surcar y navegar, a veces con rumbo incierto, existen tres actitudes ante los retos y desafíos que nos propone la vida, y que van a configurar los tres roles que vamos a trabajar en este psicodrama. Estas tres actitudes son las siguientes:

Marinera: es típica de las personas que se aventuran sin miedo, que no tienen pereza de sí mismos, que se ponen la gorra de marinero y dibujan su propia hoja de ruta, que tienen ese espíritu de navegante aunque haya tempestades, que, como nos dice A. De Saint Exupery en El Principito, "experimentan el anhelo de mar libre y ancho antes de construir el barco".

Vigía: es propia de las personas que tienen un catalejo para mirar antes de decidirse. Antes de echarse al mar dicen "vamos a ver" y esperan a que la mar esté en calma, a ver cómo lo hacen otros y cómo les va, a que se den las condiciones óptimas ... y de este modo nunca o casi nunca se lanzan a por los desafíos, porque es muy difícil tener todo controlado y saber de antemano lo que va a pasar. No digo que no haya que ser precavidos/as (que es bueno) y lanzarse a la aventura sin más, pero lo que no funciona es querer estar absolutamente seguro/a de todo para tomar una decisión.

Turista: con sus típicas gafas de sol y su sombrilla de no mojarse ni complicarse la vida, el turista social se queda en su zona de comodidad, en su isla para siempre y va por la vida con esa actitud distante y con el caché que da "ser turista" de las cosas, de las experiencias y hasta de las personas. Pasa por la realidad pero la realidad no pasa por él, no disfruta de la esencia de la vida, de la profundidad de las cosas, porque vive en la superficie de la realidad, no se adentra. El turista "no se moja" ni se embarca en aventuras, ni siquiera mira el horizonte como el vigía, sencillamente se divierte y se olvida de lo que hay más allá de su zona de comodidad.

2. Roles y personajes.

Los tres roles que van a representar tres personas en esta dramatización, junto con un símbolo de atrezzo, son los siguientes, que se los entregaremos como tarjeta informativa del rol-actitud que tienen que representar:

Actitud TURISTA: llevará una sombrilla china de papel o paraguas, como queriendo protegerse de todo tipo de molestias y responsabilidades, quedándose en la comodidad de la playa, disfrutando del confort de sus cosas ya conseguidas, de su *statu quo*.

Eres una persona a la que no le gusta cambiar ni asumir nuevos retos y actividades, porque piensas que los cambios y retos nunca traen nada bueno. Por ello niégate a la propuesta o al cambio y convénceles de que lo mejor es lo conocido, seguir como hasta ahora y no hacer tantas cosas ni actividades nuevas que al final nos complican la vida a todos.

Actitud VIGÍA: llevará un catalejo para mostrar que es una persona al fin y al cabo vigilante, que tiene perspectiva, que mira por el catalejo a menudo, que está enfocando su vida y sus decisiones, que dice "vamos a ver", etc., pero al final necesita estar tan segura que no da el paso, nunca de lanza al mar.

Eres una persona a la que le gustaría cambiar y asumir el reto o actividad, pero tal vez ahora no sea el momento más propicio, y además antes hay que calcular bien los costes, así como valorar las actividades y tareas actuales que tenemos, para no estresarnos más de la cuenta, y aunque la propuesta es interesante, es mejor ser precavidos y estudiarla bien.

Actitud MARINERA: llevará una gorra marinera, que simboliza una clara actitud de navegante, de persona que se lanza al agua y que sigue un rumbo, que coge el timón de su vida y tiene una actitud proactiva ante los retos de cada día, con espíritu marinero.

Eres una persona que se lanza enseguida a los retos, las propuestas y a los cambios, porque la vida es dinamismo y desafío, si no, no tiene sentido. El que no cambia o no aprende cosas nuevas, el que no tiene experiencias novedosas, se queda estancado y no prospera, por eso generalmente te gusta aventurarte en la novedad y en las propuestas.

3. Aplicación al aula.

El modo de aplicar esta dinámica escénica es bien sencillo: seleccionamos una serie de situaciones cercanas a los participantes, o de su propio contexto (empresa, familia, pandilla, rol social, etc.) en las que podamos interpretar y analizar claramente cómo enfocarlas desde cada una de las tres actitudes T V M (Turista, Vigía o Marinera) en un diálogo situacional que mantienen los tres personajes.

Imaginemos a tres padres / madres de familia hablando acerca de una propuesta de formación que les ha hecho el centro escolar de sus hijos, a la salida de la reunión de padres: ¿Qué diría el padre / madre turista, qué excusas pondría, etc., para no apuntarse? ¿Y el padre / madre vigía? ¿Qué argumentos esgrimiría el padre / madre marinera para apuntarse y participar activamente en dicha actividad? Dejemos que los participantes, metidos en la situación, y cada cual con su tarjeta de rol y su símbolo identificador, creen el psicodrama y nos muestren a cada cual que en realidad todos tenemos algo de T V M en nuestra vida. Luego reflexionemos sobre ello.

¿En qué podemos notar si somos marineros/as, turistas o vigías? Comencemos por nuestro lenguaje ante las cosas, el lenguaje expresa la forma en que vivimos las realidades, en cómo las definimos internamente y lógicamente con esa forma de pensarlas, así las sentimos y las actuamos. Nuestro lenguaje en la zona de comodidad suele ser reactivo, es decir: reaccionamos defendiéndonos de los compromisos y desafíos, utilizamos nuestros mecanismos de defensa mentales. En la zona de desafío el lenguaje que utilizamos es proactivo, nos invita a la acción y a la exploración positiva de nuevas realidades, a salir de la zona de comodidad.

Veamos algunos ejemplos típicos de los lenguajes reactivos y sus discursos mentales inconscientes, así como de los lenguajes alternativos y más proactivos, referidos en este caso al *compromiso personal*, más propio de una actitud marinera:

-Lenguaje reactivo: *No tengo tiempo para estas cosas, tengo mil historias...*
-Discurso inconsciente: *El tiempo controla mi vida y mis decisiones.*
-Alternativa proactiva: *Yo soy quien gestiona mi tiempo, y no al revés.*

-Lenguaje reactivo: *Si la gente fuera más auténtica y menos friky...*
-Discurso inconsciente: *Los demás condicionan mis opciones y relaciones.*
-Alternativa proactiva: *Yo decido lo que quiero ser o hacer, aunque a los demás no les guste.*

-Lenguaje reactivo: *No voy a ser mejor valorado si me comprometo en cosas voluntarias...*
-Discurso inconsciente: *Mi comportamiento está determinado por premios y castigos.*
-Alternativa proactiva: *Mis motivos y mis decisiones son independientes de lo que pueda o no conseguir.*

-Lenguaje reactivo: *No tengo nada que aportar, estas cosas son para gente entendida...*
-Discurso inconsciente: *Mi sentimiento de utilidad o inutilidad determina lo que hago o no hago.*
-Alternativa proactiva: *Yo soy capaz de aprender de los demás y de mejorar en los retos.*

-Lenguaje reactivo: *Depende cómo esté ese día, si me apetece voy...*
-Discurso inconsciente: *Mis decisiones dependen de mi estado de ánimo en cada momento.*
-Alternativa proactiva: *Yo elijo las cosas que son importantes, aunque a veces no me apetezca.*

-Lenguaje reactivo: *Paso del tema, al final siempre acabamos pringando la misma gente...*
-Discurso inconsciente: *La falta de colaboración de los demás, frena mi colaboración.*
-Alternativa proactiva: *Yo decido hasta dónde puedo y quiero colaborar, recordando a los demás sus compromisos.*

Si nos fijamos bien, lo importante es descubrir los discursos inconscientes que manejan nuestra vida y nos atan a esa zona de comodidad. Imaginemos por un momento cómo sería nuestro futuro en cada una de las zonas/actitudes que hemos descrito. Pensemos dónde nos vemos cada cual dentro de 10 o 15 años:

-Si mi actitud ha sido marinera...
-Si mi actitud ha sido vigía...
-Si mi actitud ha sido turista...

Identifiquemos estas tres actitudes en algunas frases y expresiones de personas y personajes que salen en los medios de comunicación (revistas, internet, etc.) en los libros, artículos, etc. ¿Son coherentes con el tipo de vida que llevan esas personas? ¿Vivimos en una sociedad de turistas, vigías o marineros/as?

SEIS GAFAS PARA EVALUAR Y DECIDIR

1. Encuadre teórico-situacional.

Esta es una dinámica para realizar una dramatización usando seis tipos de gafas de seis colores diferentes. Está inspirada en los populares Seis Sombreros para Pensar de Edward de Bono, pero en este caso lo he enfocado más a la evaluación de un proyecto o actividad compartida en un equipo, y de hecho las funciones de las gafas azules y de las gafas blancas no son exactamente las que da Bono a sus sombreros homólogos en el color.

Estas gafas se pueden utilizar con equipos de trabajo, equipos deportivos, grupos familiares, grupos de aprendizaje, incluso con parejas para evaluar juntos su relación desde todos los puntos de vista. Lo importante es trabajar esa *diversidad cognitiva* de perspectivas y enfoques, como una *destreza mental* clave que siempre abre más posibilidades y abarca más aspectos que tener el *cómodo y rutinario único punto de vista.*

Las seis gafas para evaluar y tomar decisiones implican procesos de pensamiento y reflexión interesantes, que conviene desvelar y poner en evidencia con los participantes al final del psicodrama.

2. Roles y personajes.

Gafas verdes. Son las gafas de la creatividad y de la innovación. Con estas gafas vamos a valorar en qué medida hemos hecho las cosas de otro modo diferente para conseguir mejores resultados, y también qué hemos descubierto de nuevo en lo que hemos hecho, en qué medida hemos innovado.

Gafas rojas. Son las gafas de la pasión y la motivación. Con estas gafas vamos a valorar el grado de pasión que hemos puesto en lo que hemos hecho, así como nuestras motivaciones y desmotivaciones en distintas fases del trabajo, enfocándonos en los aspectos que más pasión y motivación han despertado.

Gafas amarillas. Son las gafas del optimismo y los aspectos positivos. Con estas gafas vamos a valorar todo lo positivo que nos ha aportado lo que hemos hecho, los aprendizajes, la superación de las dificultades, mirando siempre ese lado positivo de las cosas, la cara más soleada de la montaña.

Gafas azules. Son las gafas de la organización y la planificación. Con estas gafas vamos a valorar en qué medida hemos planificado bien las cosas, y hemos organizado bien lo que teníamos que hacer, así como los cambios que hemos tenido que hacer para re-organizar o re-planificar las cosas.

Gafas negras. Son las gafas de las dificultades y las barreras. Con estas gafas vamos a valorar aquellos aspectos más complicados, las cosas que nos han desanimado, las dificultades que hemos tenido, o las potenciales amenazas que vemos a partir de ahora, siempre con ánimo de prevenir y evitar.

Gafas blancas. Son las gafas de los recursos materiales y no materiales. Con estas gafas vamos a valorar si los recursos con que contábamos han sido suficientes y bien aprovechados, o hemos tenido que proveernos de otros recursos, o no hemos aprovechado bien los que teníamos.

3. Aplicación en el aula.

El modo de utilizar estas gafas es bien sencillo. Podemos hacerlo seleccionando a 6 personas, una por cada color de gafas, y haciendo con las mismas una dramatización tipo debate-reunión en torno al proceso, producto o asunto que nos ocupa, del cual queremos hacer una evaluación o queremos tomar una decisión, o ambas cosas a la vez.

Para definir bien los roles de esta reunión, haremos seis tarjetas, una por cada una de las gafas. Dichas tarjetas, indican el punto de vista que se ha de adoptar en cada rol. Para ello podemos proveernos de gafas de los seis colores (en las tiendas de disfraces, bazares, etc., incluso por internet, no es difícil encontrarlas). Otra opción es fabricar las gafas con papel, cartón u otro producto que podamos pintar de color.

También podemos trabajar estas gafas por grupos, teniendo un listado de decisiones a tomar o de problemas a resolver, cada grupo irá dialogando sobre dichos problemas, teniendo cada miembro del grupo una de las gafas-roles asignados. Estos grupos pueden ser de 6 personas, o incluso de 7 u 8 personas, habiendo 1-2 personas sin gafas que cumplirán la función de observadores-secretarios de lo que se va hablando, para luego dar feed-back en el gran grupo.

De modo más lúdico, como tenemos 6 gafas, podemos asignar cada una de ellas a un número de un dado, y jugamos con el azar: en función del número-gafa que salga tienes que aportar ese punto de vista, tanto si estamos evaluando una actividad o producto, como contando una historia cooperativa o contando una experiencia personal.

Algunas preguntas que podemos formular tras la dinámica de psicodrama y que nos ayudarán a este objetivo de aprendizaje y desarrollo son estas:

- *¿Qué gafas nos ha costado mas utilizar? ¿Por qué?*

- *¿Estamos acostumbrados a tener tantos puntos de vista cuando evaluamos o tomamos decisiones? ¿Por qué?*

- *¿Qué gafas utilizamos más y cuáles menos de forma habitual?*

- *¿Por qué es importante pensar desde varios puntos de vista y no sólo desde un único punto de vista?*

- *¿Qué hemos descubierto de nuevo utilizando las gafas?*

- *¿Para qué otras cosas nos pueden ser de utilidad las seis gafas?*

- *Si fueras un vendedor o representante de estas gafas ¿Cómo convencerías a tus clientes o amigos de que las compraran, qué argumentos de venta utilizarías?*

LA MUDANZA DEL YO

1. Encuadre teórico-situacional.

Nos vinculamos con el mundo, con la realidad, con el otro, de muy diversas formas, en concreto de seis maneras, formatos o zonas de la experiencia con el mundo. Estas seis zonas o dominios del YO, enriquecen nuestra experiencia del mundo en la medida en que las cultivamos y utilizamos a menudo. Gran parte de eso que llamamos felicidad tiene que ver con la capacidad de lograr con éxito esas interacciones desde las diferentes zonas del YO.

Una persona que sólo se relaciona con el mundo desde una zona o dos, y rechaza o no desarrolla las otras, está más predispuesta a sufrir diferentes tipos de fracasos ante las demandas que el mundo, la realidad, nos plantea todos los días. Efectivamente, el mundo nos pide una respuesta constante, y esto es así porque no siempre elegimos nosotros cuándo, cómo, con quién y en qué nos vinculamos: nuestra socialidad, nuestra realidad compartida con otros seres humanos, determina que otros nos demanden vinculaciones e interacciones diversas.

Gran parte de los problemas existenciales y psicológicos en las personas tienen su origen (y, por ende, su solución) en la dificultad que experimentan para relacionarse de manera adecuada y eficaz con el mundo y sus experiencias, en alguna o varias de las zonas del YO. La terapia, por tanto, trata de recuperar esa capacidad de aceptación o rechazo (saber decir "no") de las propuestas del mundo, y de reforzar aquellas zonas y dominios del YO especialmente problemáticos.

Por tanto, todo nuestro ser, nuestra identidad, nuestro YO, se configura, se desarrolla y se juega a partir de las diferentes experiencias en las seis zonas que paso a describir ahora y que van a configurar los roles de esta dramatización.

Zona INTELECTUAL-RACIONAL.

Para comprender el mundo es necesario aprehenderlo a través del conocimiento: datos, hechos, marcos de referencia, ciencias, noticias, información. Mediante el razonamiento intelectual somos capaces de interaccionar más eficazmente con la realidad y con los otros. Los conocimientos y razonamientos nos ayudan a ser más eficaces, nos ayudan a resolver problemas y elaborar productos de muy diversa índole. Cuando no poseemos los conocimientos adecuados para enfrentar una realidad o situación, somos más vulnerables al fracaso del YO en dicha situación.

Zona EMOCIONAL-AFECTIVA.

Nuestra vinculación con la realidad, con el mundo, con los otros, suele ser emocional. Las emociones son instrumentos para relacionarnos con el mundo, mediante la aprobación o el rechazo de las diferentes experiencias del mismo. Las emociones agradables nos ayudan a aceptar y a vincularnos, y las emociones más desagradables nos ayudan a rechazar o desvincularnos de las realidades (tomar distancia o precaución de las mismas). Cuando no tenemos capacidad o posibilidad de ejercer esta función (aceptar o rechazar), solemos experimentar problemas emocionales. Mediante las emociones podemos amar a otros, ser amados por otros, vincularnos en agrupaciones sociales, compartir una identidad o un proyecto.

Zona ÉTICA-VALORATIVA.

En nuestra relación con el mundo y con la realidad, aprendemos lo que es bueno, para uno mismo, para los otros, para el mundo, y también lo que es malo o no conveniente. Los valores nos ayudan, en colaboración con las emociones (lo que se llaman "sentimientos morales"), en esa tarea de optar por unas cosas y rechazar otras. De este modo, los valores se convierten en los radares o guías que determinan nuestras decisiones y rutas por el mundo. Cuando carecemos de un sistema de valores claros, o nos relacionamos con el mundo alejados de nuestros valores, solemos experimentar conflictos existenciales y profundos relacionados con nuestra identidad, con nuestro YO.

Zona ESTÉTICA-CREATIVA.

Estamos hechos para el mundo, y en ese proceso de interacción con la realidad, que también nos hace a nosotros, somos capaces de crear más realidad, más mundo, o de modificarlo y transformarlo a través de nuestras diferentes inteligencias, capacidades y habilidades. Necesitamos expresar lo que llevamos dentro: nuestras emociones, actitudes, valores, ideas. Y en ese proceso comunicativo con la realidad nos convertimos en creadores de nuevas realidades, tanto físicas como sociales. Las estéticas son muy diversas y variadas, y cada cual suele escoger aquellas más alineadas con sus valores, su modo de ser, su entorno socio-cultural.

Zona CORPORAL-FISIOLÓGICA.

Nuestra piel y nuestros sentidos constituyen el medio a través del cual nuestro YO se pone en contacto con el mundo, con la realidad con los demás. La piel es la envoltura del YO. Mediante el cuerpo nos relacionamos con los otros, podemos amar a otros, podemos gozar de experiencias afectivas intensas, podemos en definitiva generar otros YO mediante la reproducción, y así crear más mundo, más realidad. Lo corporal y fisiológico determina una forma de relación con el mundo llamada "consumo". Mediante el consumo satisfacemos nuestras necesidades más básicas, así como otras necesidades superiores. Cuando consumimos más de lo que necesitamos y/o más de lo que creamos o aportamos, nuestra relación con el mundo se deteriora y empobrece.

Zona ESPIRITUAL-EXISTENCIAL.

Hay un tipo de relación con la realidad y con el mundo más allá de lo físico, intelectual o emocional. Cuando nos hacemos preguntas sobre nuestra propia existencia, sobre el sentido que tiene la vida, o nos quedamos contemplando un bello atardecer como extasiados, o hacemos algo pensando en el bien de toda la humanidad, en dejar huella en nuestro paso por la realidad, nos estamos relacionando con el mundo de un modo espiritual. Entendemos aquí espiritualidad como una forma de trascender la realidad y de dotarle de otros sentidos más que los puramente físicos, estéticos, éticos, etc. Y todo ello independientemente de nuestras creencias religiosas, ya que todas las religiones tienen en común algunas prácticas y formas de espiritualidad (meditación, oración, divinidades, misterios, preguntas).

2. Roles y personajes.

Una vez que conocemos las seis zonas del YO, sus características y funciones dentro de la personalidad de cada cual, vamos a ver los seis roles que representarán a estas seis zonas o módulos de nuestra personalidad en una hipotética reunión interna (dentro del cerebro de cada cual) de los mismos, tratando de afrontar una mudanza (cambio de casa, cambio de empresa, cambio de país de residencia, cambio de relación...), una situación que creo es idónea para reflejar todas estas zonas y nuestras preferencias en unas sobre otras a la hora de tomar decisiones, que es lo que descubriremos en el debate posterior a la escenificación dramática.

El YO racional-intelectual. Eres una persona a la que le gusta pensar bien y razonar las cosas: nuestro éxito o fracaso depende de nuestra formación, de la información relevante que sepamos obtener. Ante los retos de la vida sueles echar mano de las mejores teorías y conocimientos para afrontarlos, y si no los tienes, los buscas, lees, te formas.

El Yo emocional-afectivo. Eres una persona a la que le gusta sentir y emocionarse a cada paso, con las distintas experiencias que nos ofrece la vida. Sin emociones, la vida no tiene sentido. Ante los retos de la vida te dejas guiar por lo que dice tu corazón, por los sentimientos, buscas también los sentimientos compartidos y positivos con otros.

El Yo ético-valorativo. Eres una persona a la que le importa mucho el bien de todos, los principios y los valores. Sin los valores y principios claros no podemos vivir ni decidir con criterio sobre la vida y sus asuntos.

Ante los retos que nos plantea la vida, buscas siempre afrontarlos desde los valores que nos definen e identifican como personas.

El Yo estético-valorativo. Eres una persona a la que le gusta expresar lo que siente, actuar, sentirse un poco protagonista pero sin pasarse. Te gusta la armonía, la belleza de las cosas, crear, inventar, innovar. Ante los retos de la vida buscas siempre ser diferente, actuar de forma innovadora, buscando la armonía, el arte y el equilibrio.

El Yo corporal-fisiológico. Eres una persona a la que le gusta estar en la realidad y tocarla. Tu cuerpo es para relacionarte con el mundo y con los demás, es importante, y por eso lo cuidas, lo ejercitas, lo alimentas bien. Ante los retos de la vida utilizas tu cuerpo y tu actividad, miras por tu salud y por tener las necesidades fisiológicas cubiertas.

El Yo espiritual-existencial. Eres una persona a la que le gusta meditar y reflexionar sobre el sentido de la vida y las cosas que pasan, te haces preguntas ante los misterios y cosas que no puedes explicar. Ante los retos de la vida buscas la unidad, el bien universal, meditas o rezas para que todo salga bien y tengamos la fuerza necesaria para lograrlos.

3. Aplicación en el aula.

Iniciaremos la actividad de esta dramatización en el aula planteando una situación de cambio o mudanza que resulte cercana y posible a los participantes, incluso una situación de mudanza que vaya a o ocurrir o que haya ocurrido hace poco tiempo: puede tratarse de jóvenes universitarios que van a estudiar a otro país u otra ciudad, o trabajadores/as de una empresa que va a mudar de edificio y de zona geográfica, o una familia que se muda de barrio, ciudad o país por necesidades económicas o de otro tipo.

Planteada la situación pedimos 6 voluntarios para realizar la actuación dramática, los sentamos en 6 sillas dispuestas a la vista de todos en semicírculo y en cada silla tendrá cada cual su tarjeta de rol para interpretar su papel.

Decimos entonces a los participantes que estas seis personas, cada una de ellas desde su punto de vista o sus preferencias en la vida, van a dialogar sobre la situación planteada, y que cada persona del público vaya tomando notas de cosas que le llamen la atención, en concreto que tomen nota de aspectos en dos columnas o mitades en una hoja de papel:

a) Una primera columna o mitad del papel, de aquellas *cosas o aspectos que escuchen con los que no están de acuerdo*, o no se sienten identificados, es decir, que ellos/as de ninguna forma actuarían así en esta situación.

b) Una segunda columna o mitad del papel, de aquellas *cosas o aspectos que escuchen con los que sí están de acuerdo* y se sienten realmente identificados porque reflejan más ciertamente lo que sería su forma de ser y actuar en esta situación.

Tras la dramatización, que también puede incluir, a partir de un momento determinado, *preguntas del público* si vemos que el debate no está muy animado, el facilitador/a revelará (y no antes) en qué consisten las seis zonas del YO que han sido representadas, dirá que en realidad en lugar de ser seis personas, era la misma persona dialogando desde sus diversas zonas interiores de personalidad, y que este proceso en realidad nos ocurre a todos a menudo. Lo importante antes de finalizar la dramatización, es asegurar como facilitadores que *las 6 zonas-roles han quedado suficientemente explicadas y representadas.*

Entonces se invitará a cada participante del público para que reflexione, desde las notas que ha tomado en las dos columnas en su hoja de papel, acerca de *qué zonas son sus preferidas y cuáles son las menos preferidas o relevantes* ante los retos y desafíos de su vida, y con ello tendrán un mapa más claro de su personalidad, de su modo de ser. También tendrán un pista de *qué zonas o módulos de su personalidad usa menos y tal vez podría reforzar más*, porque al final, cuantas más zonas usamos y fortalecemos, más opciones y posibilidades tenemos de relacionarnos con el mundo, con los demás, y de lograr nuestros objetivos y retos.

LOS CINCO NEUROTECTOS DEL PENSAMIENTO

1. Encuadre teórico-situacional.

Los *Neurotectos* son un equipo de 5 funciones esenciales de la mente que nos van a ayudar a crecer en inteligencia y a desarrollar una mente compleja y rica en formatos, redes, conocimientos y capaz, por tanto, de desarrollar los proyectos y productos cognitivos que se proponga. La raíz "neuro" todos sabemos lo que significa, representa nuestro territorio y ecosistema mental, nuestro hardware cognitivo donde viven unos animales metafóricos (neuro-insectos) que representarán nuestras competencias cognitivas básicas. Pero a su vez la palabra "tectos" significa construcción, creación de ideas y nuevos conocimientos a partir de lo que sabemos, constructivismo en definitiva

Estos animalitos metafóricos que he denominado *Los Cinco Neurotectos del Pensamiento* (animales que construyen sobre el territorio mental) representan a cinco competencias cognitivas básicas o actores mentales que tienen las siguientes cualidades y funciones:

La lombriz reflexiva. Como las lombrices, vive en las profundidades buscando el sustrato de las cosas, alimentándose de raíces. Su misión consiste en averiguar las causas profundas de las cosas y acontecimientos, e ir a la raíz de las realidades, reflexionar sobre ellas, *comparar y contrastar* realidades diversas, hacerse preguntas, indagar. Pone en funcionamiento nuestro *pensamiento reflexivo, analítico, causal y consecuencial.*

La araña asociativa. Como la araña, va tejiendo redes y buscando conexiones entre las realidades, con visión global de las cosas. Utiliza el *pensamiento asociativo* y el principio de la *democracia cognitiva* (unir disciplinas e ideas) frente al de la tiranía de la "O" (separar las disciplinas en especialidades). Con ello va complejizando y enriqueciendo nuestras redes cognitivas y mapas de pensamiento.

La mariposa creativa. Como las mariposas, va de aquí para allá, de flor en flor conociendo la misma realidad desde diferentes puntos de vista, colores, sonidos, sabores. Además tiene la capacidad de metamorfosis creativa: crear algo nuevo uniendo varias cosas, transformar las ideas, hacer crecer algo nuevo fecundando ideas. Activa nuestro *pensamiento creativo y alternativo*, saliendo de la zona de confort del pensamiento único.

La hormiga proyectiva. Como las hormigas, es muy ordenada y procedimental, trabaja en equipo y sigue caminos y patrones lógicos. Representa a nuestras *rutinas de pensamiento*, a nuestra capacidad de proyectar la construcción de la realidad social estableciendo unos fines y utilizando los medios y recursos adecuados para llegar allí, nuestro *pensamiento proyectivo y metódico* en definitiva.

El bicho-palo empático. Como sabemos, este insecto se mimetiza con la realidad en la que se posa, por ello decimos que es empático, emocional y adaptable en nuestra metáfora. Esta capacidad de empatizar cognitivamente con las ideas de otros es clave para el comportamiento prosocial y de ayuda a los demás, para el *pensamiento universal y cosmopolita*, que sale del propio mapa de pensar y *se pone en el mapa de pensar y sentir del otro*, que es capaz también de superponer tu mapa con mi mapa y explorar rutas compartidas.

2. Roles y personajes.

Para realizar la dramatización con los Cinco Neurotectos del Pensamiento, haremos unas tarjetas de rol para entregar a los participantes en el mismo, con el fin de que interioricen cada cual su rol y se metan en el mismo:

Mariposa Creativa.

Eres una persona muy original y creativa, siempre propones cosas originales, te gusta moverte e ir de aquí para allá para conocer nuevas cosas y verlas desde diferentes ángulos y sitios. No te conformas con que te den las cosas hechas, prefieres inventarlas tú, a menudo conviertes un problema en una oportunidad para mejorar, aprender algo nuevo o poner a prueba tu ingenio. Para resolver un problema, hay que ser creativos para encontrar la mejor solución, huyendo de las soluciones típicas de siempre.

Lombriz Reflexiva.

Eres una persona a la que le gusta reflexionar las cosas, crees que hay que pensar bien las cosas antes de actuar para no equivocarse. Te gusta averiguar las causas y orígenes de las cosas. También las consecuencias, qué puede pasar si hacemos tal o cual cosa. Para resolver un problema hay que analizarlo en profundidad y definirlo bien, porque un problema bien definido y analizado, es un problema casi resuelto.

Hormiga Proyectiva.

Eres una persona muy ordenada y metódica, de esas que necesita tenerlo todo programado, planificado y escrito. Sin plan no es posible la acción, piensas tú, ya que nos podemos equivocar. Te gusta calcular lo que necesitas, ponerte metas, planificar los posibles caminos y alternativas, prepararte, antes de emprender cualquier tarea o aventura. Para resolver un problema, hay que planificar bien lo que se quiere hacer y con qué recursos contamos, ponernos unos objetivos y cumplirlos.

Araña Asociativa.

Eres una persona a la que le gusta combinar las cosas y conectarlas, preguntar a los demás qué piensan de algo, para tener muchos puntos de vista. Te gusta por eso estar muy bien conectada con mucha gente, y conectar personas entre sí para trabajar juntos. También conectas unas ideas con otras para elaborar nuevas ideas, asociando conceptos o cosas, aunque no tengan nada que ver entre sí. Para resolver un problema hay que crear una red colaborativa con varias personas, y analizarlo desde varios puntos de vista.

Bicho-Palo Empático.

Eres una persona a la que le gusta ponerte en el lugar de los demás, saber lo que piensan y lo que sienten. Tienes cierta facilidad para averiguar cómo se siente alguien o qué es lo que piensa cuando te imaginas en su misma situación, por eso comprendes muy bien a la gente y la gente se encuentra muy bien contigo. Crees que para resolver un problema de otros, lo más importante es ponernos en su lugar para saber bien qué es lo que les pasa.

3. Aplicación en el aula.

Dado que los *Cinco Neurotectos del Pensamiento* representan 5 funciones o competencias cognitivas básicas que trabajan en equipo en nuestra mente, la situación escénica a interpretar e improvisar versará acerca de un problema o reto que resolver entre los 5, y que esté relacionado con una situación cercana y conocida por los participantes, algo con lo que todos y cada uno se sientan identificados y les ayude a darse cuenta de su equipo mental interior (las 5 competencias cognitivas) y cómo sacarle mayor partido.

Como he recomendado en otras dinámicas, yo comenzaría aquí representando la situación escénica antes de explicar nada, y tras la misma, en la reflexión con todos los participantes, iremos descubriendo qué competencia representaba cada cual, cuál usamos más y cuál menos, y cómo todas nos pueden ayudar mejor a resolver problemas y retos.

Tras la comprensión y explicación de los *Cinco Neurotectos*, podemos incluso hacer otra ronda de escenas, ahora sí conociendo a los 5 roles, por equipos, representando cada equipo a su elección una situación característica de su contexto o entorno en la que se evidencie la importancia de este equipo mental básico.

ROLES PAN Y METACOMUNICACIÓN

1. Encuadre teórico-situacional.

La persona, según el *Análisis Transaccional*, que formuló y creó de Eric Berne (1910-1970), dispone de una personalidad provista de tres instancias de reflexión y de acción, que se construyen y desarrollan progresivamente durante la infancia.

El yo Padre es la sede de la Sabiduría, el yo Adulto es la sede del Pensamiento y el yo Niño es la sede del Sentimiento:

Padre. Hay una parte de nosotros que prohíbe o permite, en función del rol paterno / materno que hayamos adquirido.

Adulto. Otra parte arbitra y decide tras la reflexión y la conceptualización abstracta de las cosas.

Niño. Una tercera parte de nosotros mismos experimenta, vive sentimientos, emociones y deseos, necesidades.

Los diferentes estados del yo interactúan entre sí en función de las situaciones, de los objetivos de las mismas y de los roles PAN (siglas de Padre, Adulto y Niño) que desempeñan los otros en interacción con nosotros. El objetivo siempre es garantizar el comportamiento o toma de decisiones más adecuada de la persona. Hablamos de "metacomunicación" para referirnos al hecho de que *estos roles en general son invisibles e inconscientes*, y sin embargo actúan e influyen bastante en la eficacia / ineficacia comunicativa de nuestras interacciones y conversaciones cotidianas: tomar conciencia de ellos, tanto en nosotros como en los demás, siempre nos ayudará a comunicarnos con mayor eficacia.

El yo Padre (P) caracteriza el estado del yo que actúa cuando repetimos una conducta heredada de nuestros padres o personas que han ocupado su lugar, o nos han socializado. En tiempos de Berne el lenguaje de género no ocupaba el lugar que hoy ocupa, por ello advierto al lector/a que nada más lejos de mi intención situar el rol femenino en un segundo plano. Cuando hablemos aquí de Padre – Adulto – Niño lo estamos haciendo de forma neutral sin hacer distinción por razón de género: conviene dejarlo claro también a los y las participantes en la dinámica.

El Yo Padre es como un almacén de datos donde están las órdenes, consejos, normas, principios morales, valores, hábitos, que hemos aprehendido desde niños. Es la salvaguarda de la cultura y la tradición en la que hemos nacido y vivimos, tanto la cultura general como la cultura de la organización en la que ahora trabajamos o estamos adscritos.

El Yo Padre está lleno de seguridad, de certidumbres, de opiniones, de códigos de conducta que nos evitan tener que pensar demasiado en las decisiones, y nos aportan seguridad y autonomía. Es el que interviene en casos de peligro, de incertidumbre, de decisiones difíciles.

El Yo Adulto (A) se caracteriza por su vocación, por la objetividad, la razón, la lógica. Es una especie de ordenador que capta los datos y los combina de manera inteligente. Si el Yo Padre aporta datos y memoria, el Yo Adulto aporta los programas necesarios para procesar esos datos mediante el pensamiento inductivo y deductivo y diversos formatos de la inteligencia. Es el que selecciona la mejor acción posible, es el de la inteligencia ejecutiva.

A través del adulto, un niño puede comenzar a ver la diferencia entre la vida enseñada (Yo Padre) y la vida pensada y sentida por sí mismo. El Yo Adulto se hace plenamente funcional en torno a la edad de 13-14 años, justo cuando aparece el pensamiento abstracto.

El Yo Adulto se considera una instancia de arbitraje, habituada a efectuar una síntesis inteligente entre las solicitudes del Yo Padre y el Yo Niño, y que, debería tomar la última decisión. Toda persona, antes de tomar una decisión importante, debería consultar con los impulsos, sentimientos y frivolidades del Yo Niño, y contrastarlos con las experiencias, datos y principios del Yo Padre.

El Yo Niño (N) es la sede de los sentimientos, emociones, necesidades, y de las pulsiones. Es el que tiene hambre, tiene sed, necesidad de moverse, de reírse, de jugar.

El yo niño es ocurrente, creativo, gracioso, es aquél que hace escribir los pensamientos de los humoristas, anima a los cantantes, inspira a poetas y cantores, es el de la inteligencia musical y artística en general.

2. Roles y personajes.

Estas son las tarjetas de rol que usaremos para que cada participante en la situación previamente estudie bien su papel en la misma:

YO Padre. *Durante la conversación tu rol se va a centrar en principios morales, autoridad y tradición. Lo más importante es la cultura del proyecto-organización, los valores de toda la vida y la experiencia de los mayores. Desde esta posición trata de hacer que tu criterio guíe el debate en todo momento. Demuestra autoridad, fortaleza de espíritu, rectitud, seriedad y no cedas a los principios de toda la vida.*

YO Adulto. *Durante la conversación tu rol se va a centrar en la razón y en la técnica. Lo más importante es demostrar las cosas con datos, hechos, principios y resultados válidos. Cualquier decisión debe estar fundamentada en la profesionalidad y orientada hacia objetivos alcanzables, sin perderse en sueños imposibles. Demuestra criterio, razonamiento, serenidad y argumentos válidos.*

YO Niño. *Durante la conversación tu rol se va a centrar en la creatividad y en las emociones. Para trabajar es fundamental divertirse y dar salida al propio talento, y para ello no hay que perder nuestro espíritu infantil y nuestra espontaneidad, evita caer en los principios obsoletos de siempre y no dejes que nadie te los imponga. Demuestra mucha flexibilidad, dinamismo, energía y buen sentido del humor.*

3. Aplicación en el aula.

El modo de facilitar esta dinámica es sencillo, harán falta tres personas voluntarias a las que entregar las tarjetas de roles PAN que he propuesto en al apartado de "Roles y personajes", que previamente las lean y se metan bien en el papel.

Lo que deben hacer es conversar sobre algún tema o asunto que sea conocido o cercado al grupo de participantes, preferiblemente si se trata de resolver un problema o tomar una decisión, ya que siempre da más juego o obliga a expresar mejor los tres roles o puntos de vista.

Una vez que los tres personajes, cada cual desde su rol, han interactuado de forma suficiente como para dejar bien claros sus tres roles o puntos de vista, pasamos a reflexionar con todas las personas participantes, en torno a las siguientes preguntas:

1. ¿En qué situaciones de la vida me identifico con alguno de esos roles?

2. ¿Alguna vez has notado un conflicto interior entre tus tres instancias padre-adulto-niño? ¿Te ha costado tomar alguna decisión importante o te has sentido confuso/a porque no tenías claro lo que querías?

3. ¿En qué medida consideras que la clarificación de estos tres roles a nivel interno, nos ayuda a sentirnos mejor y con más eficacia interpersonal?

4. ¿Crees que si sabes de antemano el rol que juega tu interlocutor puedes ser más eficaz con él, convencerle mejor, hacer que te escuche mejor, llegar a un acuerdo antes?

5. ¿Piensas que hay personas que tienen anulada una de sus instancias, es decir, que sólo saben ser padres, adultos o niños?

6. ¿Cómo actuamos cuando nuestro yo padre y nuestro yo adulto se ponen de acuerdo para anular o inhibir al yo niño?

7. ¿Cómo actuamos cuando el yo padre y el yo niño de cada cual se alían para anular o inhibir al yo adulto?

Otra opción que existe en esta dinámica es jugar en equipos con *el dado transaccional*. Podemos preparar un dado, aprovechando que tiene seis números, asignando a cada número las dos funciones contrarias de cada una de las instancias (que, aunque no las he mencionado en el encuadre teórico inicial por no complejizarlo mucho, sí las contempla Eric Berne en su modelo), reinterpretando cada instancia con su fortaleza y su debilidad o límite:

Nº	Instancia AT	Significado
1	Padre Motivador	*Es el padre que busca siempre ayudar y orientar a los demás desde los valores, derechos y principios esenciales.*
2	Padre Controlador	*Es el padre que no confía ni deja hacer, autoritario, que necesita hacer valer su poder y su rol ante los demás.*
3	Adulto Empático	*Es el adulto con inteligencia emocional, que combina sus razones y emociones, que se pone en el lugar de los demás.*
4	Adulto Insensible	*Es el adulto racional, que todo lo ve desde la lógica y resultados, y renuncia a las emociones y sentimientos.*
5	Niño Libre	*Es el niño espontáneo y sano, que puede expresar sus emociones y divertirse sin barreras internas ni sociales.*

6	Niño Reprimido	*Es el niño al que han reprimido sus emociones y su creatividad, que fácilmente se descontrola y explota.*

Lo más interesante para el juego del dado transaccional, es que se haga en diálogos de parejas, de tal forma que un jugador YO tira el dado para seleccionar al azar el tipo de instancia desde la que va a interactuar, y a continuación otro jugador TU lanza el dado para seleccionar al azar el tipo de instancia desde la que va a hablar con el anterior (YO). El jugador que le toca tirar el dado, puede elegir libremente a cualquiera de los otros jugadores de la mesa con el que desea interactuar (TU), pero siempre antes de saber qué instancia le tocará representar (antes de lanzar el dado).

Bien, pero ¿de qué van a hablar y qué rol juega cada cual en la conversación? Eso también lo podemos fijar con 6 funciones del dado:

Nº	Situación de interacción social
1	*Sois una pareja y estáis hablando acerca de qué película de cine queréis ir a ver el sábado por la tarde...*
2	*Sois cliente (YO) y vendedor (TU) y el cliente quiere devolver una cafetera porque no hace buen café...*
3	*Estás tratando de convencer (YO) a tu madre (TU) para que te deje salir toda la noche a una discoteca...*
4	*Eres jugador/a de basket (YO) y estás cuestionando al árbitro (TU) la falta que te acaba de pitar...*

5	*Eres médico (YO) y debes convencer a tu paciente (TU) que deje de fumar para que no empeore su salud...*
6	*Eres un niño/a de 6 años (YO) y preguntas a tu profesor/a (TU) por qué os grita tanto en clase...*

A lo largo de la conversación, que no debe durar más de tres minutos, cada uno de los jugadores tiene la posibilidad, si no está a gusto en su instancia, de volver a tirar el dado y cambiar, al azar, a otra de las instancias.

Una vez que tiene lugar la dramatización y/o el juego del dado, pasamos a la reflexión y diálogo en el grupo grande sobre lo que han visto, oído y experimentado.

CINCO GUANTES PARA RELACIONARSE CON EL MUNDO

1. Encuadre teórico-situacional.

Las personas somos seres en relación constante con el mundo y con la realidad, esto es, con otros seres humanos, con otros seres vivos, con el entorno y la naturaleza. Esta relación la hacemos a través de todos nuestros sentidos, pero *especialmente, nuestras manos y su acción en el mundo, en la realidad* y con los demás, son la parte de nuestro cuerpo que tiene más peso en esa interacción con la realidad, y por tanto la que nos servirá de símbolo para explicar diversas formas de relación con el mundo, con la realidad y con los demás.

Y lo vamos a hacer con varios *tipos de guantes muy característicos*, que tiene diversos usos. Hay muchos tipos de guantes, sobre todo en lo que se refiere a las profesiones y al mundo del trabajo: guantes de bricolaje, de limpieza, de protección, de conducción, para actividades médicas y del cuidado, etc. También hay guantes para varios tipos de deportes, guantes como complemento estético, guantes para el frío o para evitar el calor, etc.

Investigando sobre diversos tipos de guantes y cómo podrían expresar distintas formas de relacionarnos con el mundo y con los demás, al final *he resumido en 5 guantes las 5 actitudes o formas habituales que tenemos las personas de relacionarnos con la realidad*, con el mundo y entre nosotros:

Guantes de COMBATE (de boxeador). Cada día, cada interacción humana es como una batalla que tenemos que ganar, o por lo menos evitar que nos ataquen, nos pisen o nos hagan daño. Hay que aprender a defenderse de los golpes bajos, porque la gente, en cuanto ve que bajas la guardia, aprovecha y te da donde más te duele.

La vida es un duro combate, cada día hay que pelearlo ¿verdad?, cada objetivo te lo tienes que ganar a pulso, cada cliente que ganas es un cliente que pierde otro porque tú lo has peleado mejor, y también porque lo has sabido defender de los ataques de la competencia.

Llevo toda la vida luchando, luchando por mis hijos, luchando por mi casa, luchando por mi felicidad, luchando con mi jefe, luchando con mi pareja, defendiendo lo mío y a los míos, mientras tenga fuerzas, seguiré luchando.

Guantes de la COOPERACIÓN (de bricolaje). La vida es trabajo, es cooperar, es aportar a la construcción de la sociedad. La sociedad, nos guste más o menos, es un proyecto de cooperación y construcción compartida, en el que todos tenemos que arrimar el hombro desde nuestras diferentes herramientas y habilidades.

No concibo eso de estar todo el día sin hacer nada, sin actividad, sin nada que hacer: eso es el hastío, el sinsentido, la depresión posmoderna, el vacío existencial. La vida es trabajo, es actividad, es hacer cosas, el ser humano es creativo y constructivo por naturaleza, hemos evolucionado gracias a nuestras manos trabajadoras, a la oposición del pulgar, al perfeccionamiento de la técnica y las habilidades, tanto las manuales, como las sociales o las digitales.

Pero como en todo oficio, hay chapuzas y hay manitas: se trata de cooperar haciendo el bien, construyendo, y no haciendo las cosas mal, de cualquier manera y destruyendo las cosas, las relaciones humanas y a nosotros mismos.

Guante de las OPORTUNIDADES (de beisbol). La vida, el mundo y la realidad está llena de oportunidades, la clave está en saber verlas a tiempo, como la pelota de beisbol, seguir bien su trayectoria y saber recibirla correctamente con un buen guante. Todo ello requiere atención, saber correr a por ellas y saber atraparlas, porque si no lo haces, entonces pierdes la jugada y tu o tu equipo avanzáis menos que los demás.

Las oportunidades son escasas, no se batean todos los días, hay que estar en el sitio adecuado y en el equipo adecuado donde podemos atrapar más oportunidades y ganar más partidos en la vida. Piensa en la cantidad de oportunidades que hay en la vida: la oportunidad de conocer a alguien interesante que puede proporcionarte algo, la oportunidad de pertenecer a un círculo de influencia, la oportunidad de conseguir algo más barato en un momento dado, la oportunidad de cambiar de trabajo, la oportunidad de conocer al hombre o mujer de tu vida.

Y cuanto estas oportunidades se presentan: ¿las atrapas o las dejas pasar? Y por cierto, no siempre llaman a tu puerta, generalmente tienes que salir al campo, al entorno y jugar mejor que tus contrincantes para atraparlas.

Guantes de la DIVERSIÓN (de satén). El mundo es un lugar para divertirse y para pasárselo bien, para disfrutar lo más posible. Bien es cierto que también hay que trabajar y pasar malos ratos, pero hay que hacer todo lo posible para que incluso el trabajo sea algo divertido, y eso es una cuestión de actitud: si yo soy profesor, puedo hacer que mis clases sean chulas y divertidas, que los alumnos se lo pasen bien en clase, si soy un jefe o una jefa, pues puedo ser un jefe o jefa divertida y original, por supuesto para mí es fundamental que mi pareja sea divertida, que mis amigos sean divertidos, que mis compañeros y compañeras de trabajo sea gente divertida.

No hay cosa que me fastidie más que la gente aburrida o los trabajos donde no puedes divertirte, la gente que no sale o que no le gusta la fiesta: una vida sin fiestas, sin celebraciones, sin copas, sin entretenimientos, sin un poco de locura y desmelene, lo siento pero eso no es vida, eso es renunciar al derecho que tiene todo ser humano a divertirse

Guantes del CUIDADO (de jardinería). La vida es para cultivarla, sembrarla, regarla, abonarla y hacer que de fruto: es el ciclo de la vida. Ya no podemos vivir sin una ética del cuidado, no hay más que ver cómo está el mundo y hacía dónde vamos: calentamiento global, empobrecimiento de la tierra, desertización, guerras, hambre y desnutrición en muchos países, amenazas globales, nuevas enfermedades y virus producto de nuestra alteración y explotación de los procesos naturales, cada vez más gente viviendo sola, cada vez nacen menos niños...

El mundo es para cuidarlo, para amarlo, las relaciones humanas son como plantas que debemos sembrar en buena tierra, regar y abonar con cariño, atención, podar y quitar las malas hierbas, conflictos y malentendidos. Sólo desde una ética del cuidado en nuestra relación con los demás, con la realidad y con el mundo, podremos avanzar y ser todos más felices.

Y sí, hay una diversión ética, respetuosa y sana, hay una sana y ética competitividad que nos hace crecer y ganar a todos, hay oportunidades para todos desde una ética de la igualdad, los derechos y la redistribución en función de las necesidades de cada cual, y hay una cooperación positiva y constructiva desde los talentos y habilidades de cada cual, bien cultivados, y buen cuidados en buenos campos del desarrollo humano.

2. Roles y personajes.

Vamos a pedir cinco personas voluntarias, y a cada cual le vamos a dar sus guantes (o guante, en el caso del de beisbol), junto con una tarjeta de rol, relativa a su actitud y su forma de relacionarse con la situación, el problema, la realidad en definitiva que propongamos en la dramatización. Los textos de las tarjetas de rol serían estos:

Guantes de COMBATE (boxeo).

Eres una persona que está a la defensiva, porque piensas que en este mundo hay que estar preparados para que no te ataquen y no te hagan daño, hay que saber pelear y luchar para evitar que te den golpes bajos, y algunas veces, incluso la mejor defensa es un buen ataque. La vida es un combate, hay que pelear cada día los objetivos y salir victoriosos, y no bajar la guardia, porque cuando los demás te ven débil, se provechan de ti.

Guantes de la COOPERACIÓN (bricolaje).

Eres una persona básicamente cooperativa y constructiva, piensas que la sociedad, los proyectos, las relaciones humanas, son como un bricolaje social: hay que construirlas bien, trabajando y cooperando, siendo un manitas virtuoso más que un chapuzas mediocre de las relaciones sociales. La vida es trabajo y actividad, el ser humano es básicamente creativo y constructivo, no concibes estar sentado/a sin hacer nada.

Guante de las OPORTUNIDADES (beisbol).

Eres una persona hábil para, rápida, con vista y flexible para ver las oportunidades en todas las situaciones de la vida, e ir a por ellas, cazarlas sin dejar que se te escapen. La vida está llena de oportunidades, incluso detrás de un problema siempre hay una oportunidad. Hay que estar atentos y sin distracciones, con todos los sentidos puestos en la oportunidad, y por supuesto, ser más rápidos que otros para que no te las quiten.

Guantes de la DIVERSIÓN (satén).

Eres una persona alegre y divertida, que piensas que en esta vida hay que divertirse a cada momento en lugar de estar todo el día amargados: si la gente no es más feliz es porque no sabe divertirse o buscarse momentos de diversión y esparcimiento. Pero incluso hay que ser divertidos en todo lo que hagamos: el trabajo, las relaciones humanas, la sociedad puede ser un gran proyecto de diversión y disfrute. Te apuntas sólo a los proyectos y propuestas donde ver la posibilidad de diversión, y rechazas lo aburrido.

Guantes de los CUIDADOS (jardinería).

Eres una persona cuidadosa con los demás y contigo misma, crees que lo que le falta a esta sociedad y a este mundo es ser todos más cuidadosos y respetuosos con los demás, por supuesto, pero también con los seres vivos, con el medio ambiente, con las cosas que compartimos en la ciudad, en el trabajo, en la familia. A este mundo le falta todavía sensibilidad y empatía para lograr un auténtica sociedad de los cuidados y el respeto mutuo.

3. Aplicación en el aula.

Una opción es hacer, en primer lugar, una breve introducción a nuestra naturaleza relacional con el mundo y con la realidad, esto es, con la naturaleza, con otras personas, con las cosas del mundo. Esta necesaria vinculación es racional y es emocional, y lo que nos pone en conexión con la realidad son nuestros sentidos, pero sobre todo nuestra piel y nuestras manos. Vivimos en una sociedad del "no contacto", decía Flora Davis, al tratar este tema en la Comunicación No Verbal. Y esto hace que cada vez nos alejemos más de algunas experiencias auténticas. Pero también vivimos en la sociedad del maltrato: a las cosas, a la naturaleza, al medio ambiente, a las personas, a los seres vivos. Por eso cada vez se alzan más voces e iniciativas a favor del buen trato y de la ética del cuidado.

Tras la introducción, presentamos los guantes. Una forma de hacerlo es pedir 5 voluntarios, y *al tiempo que vamos leyendo la explicación de los mismos, cada voluntario va escenificando con sus guantes eso que vamos explicando,* en interacción con los demás, y en el caso del guante de beisbol, además le podemos ir lanzando alguna pelota (de tenis o de goma espuma) que represente esas oportunidades, para que las vaya cazando con el guante.

Y una vez explicados todos los guantes, podemos plantear *hacer una dramatización con los 5 guantes en nuestro entorno o ámbito de trabajo:* ¿Cómo nos relacionamos con los demás, con el entorno, y en general, cómo enfocamos nuestro trabajo, rol, o actividad con cada guante? Eso sería lo que habría que representar, por ejemplo, atendiendo al mismo cliente cinco personas distintas, una por cada guante – rol – actitud.

Una vez realizadas las dramatizaciones, conviene reflexionar entre todos acerca de los guantes que más utilizamos habitualmente en los distintos roles que representamos en la vida: descubrirnos todos y todas en cada uno de los guantes/actitudes y además ver que, según el rol que representemos, usamos preferentemente un guante u otro.

También conviene, en el momento de la reflexión compartida, pararnos especialmente en el guante de jardinería/agricultura que representa a *la ética del cuidado:* ¿Cómo podemos incorporar este guante en nuestro trabajo, nuestros roles de la vida cotidiana, y en general en nuestro modo de estar en el mundo y de relacionarnos con él y con la realidad?

Y como decía en la introducción y encuadre, no olvidemos que este guante puede ser transversal a todos, y transformarlos en positivo:

"Hay una *diversión ética, respetuosa y sana,* necesaria también para descansar y esparcirse, hay una *sana y ética competitividad* que nos hace crecer y ganar a todos, hay *oportunidades para todos desde una ética de la igualdad, los derechos y la redistribución* en función de las necesidades de cada cual, y hay *una cooperación positiva y constructiva* desde los talentos y habilidades de cada cual, bien cultivados, y buen cuidados en buenos campos del desarrollo humano".

CUATRO ANIMALES DE COMPAÑÍA.

1. Encuadre teórico-situacional.

En esta dramatización vamos a tomar conciencia de la *diversidad relacional* o estilos sociales habituales de las personas. Este modelo de estilos sociales, como otros que existen, afirma que la mayoría de la gente actúa de acuerdo con su *patrón básico de comportamiento*. Esto significa que es posible, hasta cierto punto, predecir las reacciones de las personas en variadas situaciones. También es posible predecir las reacciones de otras personas ante nuestro propio estilo o patrón básico de comportamiento. Reconociendo esto, tenemos más posibilidades de crear una atmósfera de entendimiento y trabajo compartido.

Nadie es mejor que los demás. Cada estilo tiene sus puntos fuertes y sus debilidades. Veamos entonces estos cuatro estilos de relación social representados de forma metafórica en cuatro animales muy característicos:

Los osos amigables se preocupan de las emociones y su punto de vista es a menudo personal. Preguntan frecuentemente quien ha hecho qué a quien. Prefieren una familiaridad confortable más que los riesgos de lo desconocido. Sus mayores fortalezas son las relaciones personales y el apoyo incondicional. A un oso amigable lo reconocemos cuando observamos que:

-Le gusta estar con gente, hacer amigos, cuidar las relaciones humanas.

-Por no defraudar a un amigo o persona cercana, puede incumplir objetivos o normas.
-Necesita tomarse su tiempo de crear ambiente de confianza en una conversación.
-Le cuesta ser asertivo, decir que NO a una propuesta o mostrar su desacuerdo.
-Para trabajar a gusto con una persona necesita crear confianza y cierta amistad con la misma.

Los ratones analíticos determinan su comportamiento en base a hechos percibidos, números, principios, la lógica y la consistencia que encuentran en la realidad. Hacen planes que gestionan de forma sistemática desde el principio hasta el final. Pueden parecer lentos y fríos. Sus puntos fuertes son pensamiento sistemático y análisis. A un ratón analítico lo reconocemos cuando observamos que:

-Necesita tener claros los datos, hechos y detalles de las cosas.
-Considera las formas, saludos previos y protocolos como una pérdida de tiempo.
-No se arriesga o no toma decisiones si no tiene todas las variables controladas.
-Le cuesta la creatividad y los entornos de trabajo flexibles e innovadores.
-Trabaja mejor en tareas detalladas y concretas que en funciones más amplias y globales.

Las panteras enérgicas parece saber lo que quieren y no tienen dificultad en dar su opinión ni en pedir lo que necesitan. Viven en el presente y están orientados hacia la acción. Anteponen las tareas a las personas. Sus principales puntos fuertes son la acción independiente y el control ejecutivo. A una pantera enérgica la reconocemos cuando observamos que:

-Está deseando poner en práctica las ideas y disfruta haciéndolo.
-Suele ser persistente en sus objetivos, aunque a los demás no les guste.
-A veces resulta brusca y cortante en su empeño por ir a la acción enseguida.
-Se desespera a menudo con la gente detallista y las planificaciones que ralentizan la puesta en marcha.
-Necesita objetivos desafiantes y cuantitativos para motivarse, que se logren con actividad y esfuerzo.

Los monos expresivos se van a menudo por las ramas, les gusta expresarse, suelen enfocarse en sueños del futuro que a veces les hacen perecer irrealistas, poco prácticos e irresponsables. Pero pueden incitar el entusiasmo de los demás y estimular los ánimos de los demás. Sus puntos fuertes son la intuición, la creatividad y la inspiración. A un mono expresivo lo reconocemos cuando observamos que:

-Da mucha importancia a lo estético, lo expresivo, las emociones.
-Sugiere ideas creativas e innovadoras, a veces un poco utópicas y soñadoras.
-Le motivan más las metas y la estética de los proyectos que las tareas concretas y repetitivas.
-Es motivador y estimulante, se ilusiona y contagia optimismo.
-Le cuesta trabajar en entornos muy normativos donde todo está previsto, detallado y protocolizado.

2. Roles y personajes.

Estas son las tarjetas de rol para trabajar con los 4 animales – estilos sociales. Recomiendo además caracterizar a cada participante en la dramatización con algo que ayude a identificar a cada animal: una careta, un disfraz, o algo característico del mismo.

Ratón ANALÍTICO.

Eres una persona bastante meticulosa y analítica, lo que más te interesa y preocupa son los datos, los hechos, las normas, los protocolos. Las cosas deben estar organizadas y con los detalles muy claros, si no, es imposible trabajar y decidir.

Oso AMIGABLE.

Eres una persona sociable, empática y que valora mucho la amistad, por eso cuida a sus amigos y los protege. Procuras llevarte bien con la gente, que haya buen ambiente, lo que más te cuesta es enemistarte con alguien, que se rompa el afecto.

Mono EXPRESIVO.

Eres una persona creativa y expresiva, lo que más te gusta es demostrar quien eres, actuar delante de otros, soñar en voz alta, imaginar y visualizar un proyecto exitoso, hacer cosas innovadoras huyendo de las rutinas y objetivos de siempre.

Pantera ENÉRGICA.

Eres una persona muy orientada a la acción y a la tarea, que no le gusta perder el tiempo en planificaciones excesivas ni en formalidades: lo importante es ir a la acción de forma rápida y eficaz, y si alguien no sigue el ritmo, ese es su problema.

3. Aplicación en el aula.

Podemos iniciar la dinámica o taller sobre los estilos sociales, con el juego de rol de las 4 tarjetas con los 4 animales de compañía. Cada uno de los participantes en la escena deberá meterse en el papel, y el resto observar y luego comentar, sin conocer previamente los estilos sociales, qué dificultades han existido en la comunicación entre los participantes.

Lo pueden hacer hablando todos a la vez sobre un problema o decisión a tomar, o bien podemos crear una situación en la que actúen por separado cada uno con un cliente o usuario.

Mi recomendación situacional para el role-playing es que *los 4 personajes que representan los 4 estilos sociales, sean 4 vendedores/as o 4 personas que atienen al público en una oficina.*

Sacamos de la sala a 3 voluntarios que irán entrando de uno en uno, y se dirigirán a los 4 vendedores, primero con uno, luego con otro, etc., y tendrán que seleccionar aquél que más les haya gustado o convencido: ¿tal vez el que coincide con su mismo estilo social? Bien, más tarde cuando reflexionemos cada cual sobre nuestro estilo preferido, lo revelaremos.

El hecho de tener hasta tres clientes, nos dará mucho juego para charlar y comprobar después. La situación de venta o atención al cliente (por ejemplo para gestionar una queja del mismo), que sea cercana a la actividad de los participantes.

Algo que les gustará a todos los participantes es, sin duda, conocer cuáles su estilo social, y ello lo podemos investigar a partir de las cinco cualidades de cada animal que he comentado en el punto 1 de encuadre teórico. Si las vamos leyendo, o las ponemos a la vista, y cada cual va pensando en su modo de ser y hacer en realidad, es sencillo saber cuál es nuestro estilo predominante.

De todos modos, lo importante de esta auto-observación de estilos sociales, consiste en dos aspectos:

a) *Adaptarnos al estilo de nuestro interlocutor*, aunque no coincida con el nuestro.

b) *Ampliar nuestro repertorio de comportamientos*, para dominar más estilos sociales, y por tanto, ser más completos y eficaces.

También recomiendo hacer un *trabajo cooperativo de análisis y aplicación* de este modelo en 4 grupos acerca de algunos supuestos en los que tienen que valorar *cómo interaccionar eficazmente con cada uno de los 4 estilos* sociales en estas situaciones (una situación por cada equipo de trabajo). Sugiero algunos ejemplos:

-¿Cómo gestionar un conflicto con un oso, ratón, mono o pantera?

-¿Cómo darías una mala noticia a un oso, ratón, mono o pantera?

-¿Cómo reconocerías en un restaurante un oso, ratón, mono o pantera: qué mira de la carta, cómo pide, qué pide, qué restaurante elegiría...?

-*¿Cómo vender algo con más eficacia a un oso, ratón, mono o pantera?*

LAS MIRADAS DE LA SOLIDARIDAD

1. Encuadre teórico-situacional.

Las *Seis Miradas de la Solidaridad* me han proporcionado muy buenas reflexiones en torno a los diferentes modos en que se comprende e interpreta la ayuda a los demás a lo largo de la historia.

Si observamos lo que hacemos ahora en la acción prosocial, vemos que hay una evidente evolución en las formas, los procesos y las intenciones que se perseguían en el siglo XVII, por poner un ejemplo. Pero no todo era malo antes, hay elementos que se han ido incorporando y actualizando, por ello estas 6 gafas metafóricas, aunque contienen algunas caricaturas, quieren dar ese mensaje de saber aprovechar lo mejor de cada tradición solidaria y prosocial, de cada enfoque y cada mirada.

Las 6 Gafas o Miradas de la Solidaridad representan 6 modos de hacer las cosas, enfoques o puntos de vista desde los que ayudar a los demás o plantear una campaña-proyecto solidario. Estas gafas están basadas en las diferentes formas de ayuda que han existido a lo largo de la Historia del Pensamiento Prosocial, tanto en la ciencia del Trabajo Social como en las diferentes Generaciones de Educación para el Desarrollo Humano (EpDH). Veamos cuáles son estas seis miradas:

Mirada TÉCNICA. Su enfoque se centra en el pensamiento proyectivo, el análisis de la realidad, la necesidad del proyecto previo por encima de todo antes de iniciar nada.

Mirada COMPASIVA. Su enfoque se centra en lo afectivo-emocional, llegar al corazón de la gente, la empatía: si no tocamos el corazón no lograremos nada.

Mirada CONECTIVA. Su enfoque se centra en trabajar en red, implicar a todos los actores posibles, tener una visión global y local, poner de acuerdo a todas las gafas y puntos de vista.

Mirada de IMPACTO. Su enfoque se centra en el marketing y la comunicación, en lograr acciones de impacto antes de nada, para atraer la atención de la gente, y luego hacer cosas.

Mirada ALTERNATIVA. Su enfoque se centra en lo disruptivo y radical, en el cambio de estructuras sociales injustas, ya que sin incidencia política no cambia nada en realidad.

Mirada FINANCIERA. Su enfoque se centra en el aspecto económico, en conseguir fondos y recursos para ayudar, ya que al final el dinero es lo que logra todo lo demás.

2. Roles y personajes.

Estos son los textos de las tarjetas de rol que se entregarán a cada participante voluntario, junto con sus gafas, que podemos encontrar en las tiendas de disfraces, jugueterías o de artículos de fiesta.

Gafas TÉCNICAS (serias, de estudiante). *Lo que tenemos que hacer es un buen proyecto, como resultado de una buena investigación acerca de la realidad. La mejor ayuda es poner la técnica y el saber al servicio de la solidaridad. Si no sabemos del tema, mejor no hacer nada.*

Gafas COMPASIVAS (gafas de corazón). *La solidaridad tiene que tocarnos un poco el corazón, lo mejor es hacer un rastrillo benéfico, ver una película romántica de ayuda, o llamar a un cantautor que nos de un concierto solidario. Lo de siempre, que es lo que sabemos que funciona.*

Gafas CONECTIVAS (de araña, tipo red). *Necesitamos crear una gran red de solidaridad, conectarnos entre nosotros y también con nuestro entorno local y global, si trabajamos en red lograremos más cosas a medio y largo plazo, tenemos que ser tejido asociativo que regenere la sociedad.*

Gafas de IMPACTO (grandes de color). *Yo propongo impactar, hacernos visibles a través del marketing social, necesitamos la imagen de marca de algún famoso que nos apoye y se haga una foto con nosotros, con ello lograremos atraer la atención de la gente, y luego pedirles que sean solidarios.*

Gafas ALTERNATIVAS (pacifistas, hippies)). *Hay que salir a la calle y manifestarse, hacer pancartas con mensajes anti-sistema para que salgamos en los periódicos. Tenemos que ser la voz crítica de los problemas sociales, hacer desde ya una revolución social y derribar las estructuras injustas.*

Gafas FINANCIERAS (con el símbolo $). *La mejor ayuda es la económica, por lo que yo propongo acciones financieras para obtener el máximo dinero posible, como vender camisetas, hacer un mercado de compra venta de libros y también una cuota solidaria de una pequeña cantidad al mes.*

3. Aplicación en el aula.

La dinámica consiste, primeramente, en pedir 6 voluntarios/as para dramatizar una reunión de educadores o técnicos en la que han de diseñar una campaña o acción de solidaridad, o preparar un Día Especial de la Solidaridad.

Lo primero que suelo hacer cuando ha terminado la dramatización de las Seis Gafas de la Solidaridad, es *pedir a cada actor que explique al público participante en qué consistían sus gafas* y cómo se ha sentido en el papel de interpretarlas.

A partir de estas gafas podemos hacer una primera reflexión en el sentido de *identificar aquellas formas o estilos de solidaridad que más hemos puesto en práctica,* tanto a nivel individual como de forma colectiva en nuestra organización, asociación o grupo. Y aquí podemos preguntarnos si a partir de ahora podríamos utilizar más formas, o aprender de otros enfoques.

Algo que me parece esencial subrayar es *reconocer lo positivo de cada tradición* (ya que todas tienen su parte de anécdota y de crítica) y hacer que, lejos de dividirnos y enfrentarnos en una discusión por imponer cada cual su modelo, todos los enfoques puedan aportar a un proyecto global y compartido.

Podemos también tratar de *identificar con qué época histórica están relacionadas cada una de las 6 gafas,* incluso también con algunos personajes o movimientos sociales relacionados con la solidaridad.

Unas gafas especialmente relevantes son las *gafas conectivas*, de araña: estas gafas *de la visión reticular y asociativa*, de algún modo conceptualizan la ayuda social y el voluntariado como un *conector de personas, recursos y realidades fragmentadas* que no debieran estarlo, como un *regenerador de tejido social*. Igualmente son las gafas que *conectan a todas las demás* en un proyecto común *desde las fortalezas* de cada una de ellas.

Finalmente podemos *analizar algunos problemas sociales actuales desde las seis gafas* o puntos de vista de la solidaridad, aportando con ello posibles ideas y soluciones. De este modo descubriremos que cuando ampliamos nuestro campo perceptivo sobre un tema, también se amplían nuestras posibilidades y propuestas, nuestras elaboraciones y productos dentro de ese tema: *si vemos las cosas como siempre las hemos visto, daremos las mismas respuestas de siempre.*

POESÍA COLECTIVA EMOCIONANTE

1. Encuadre teórico-situacional.

Esta dramatización metafórica basada en nuestras seis emociones raíces, nos va a servir para conocerlas mejor, tomar conciencia de ellas, expresarlas mejor, identificarlas mejor en sus matices no verbales, así como valorar su importancia en las diferentes situaciones comunicativas de nuestra vida.

Veamos entonces, a modo de fichas informativas, en qué consisten. Estas mismas fichas son la información que daremos a cada uno de los seis equipos de trabajo dramático, junto con la tarjeta de rol y situación del apartado siguiente.

Con el fin de conocer e identificar bien las emociones básicas -también llamadas "emociones raíces", porque cada una de ellas está en la base de muchos sentimientos-, las fichas siguientes nos detallan los cambios asociados a cada estado emocional, así como las respuestas y conductas típicas y los efectos que tienen en la comunicación con los demás:

Temor-Miedo

Sentimientos asociados: Inseguridad, pánico, terror, inestabilidad, angustia...

Cambios fisiológicos:
-La sangre fluye hacia los músculos largos (piernas).
-Palidez en el rostro.
-Respuesta hormonal que nos pone en alerta.

Respuestas y conductas:
-La atención se fija en las amenazas para evaluar la respuesta adecuada.
-Tendencia a la huida, evitación, ocultamiento.

Efectos en la comunicación:
-Falta de claridad de ideas, bloqueos.
-Poca atención al mensaje, solo a las amenazas.
-Huida o evitación del emisor.
-Mecanismos psíquicos de defensa.

Enojo-Enfado

Sentimientos asociados: Disgusto, malestar, impulsividad, rencor, odio...

Cambios fisiológicos:
-Aumenta el flujo sanguíneo hacia las manos.
-Aumenta el ritmo cardíaco y las hormonas como la adrenalina (más energía en general).

Respuestas y conductas:
-Tendencia agresiva hacia el enemigo (física o psicológicamente) al tener más energía.
-Falta de autocontrol.

Efectos en la comunicación:
-Expresión inadecuada y desordenada hacia nuestro interlocutor.
-Tono brusco y agresivo.
-Podemos decir cosas de las que luego nos arrepentimos.
-Falta de escucha activa.

Felicidad-Bienestar

Sentimientos asociados: Alegría, júbilo, satisfacción, coherencia, entusiasmo...

Cambios fisiológicos:
-Nuestro cerebro inhibe los sentimientos negativos y preocupaciones y aumenta la energía.
-Sensación de tranquilidad, reposo, entusiasmo.

Respuestas y conductas:
-La atención se puede concentrar a pleno rendimiento en la consecución de objetivos.
-Disponibilidad para afrontar retos y tareas personales y en equipo.

Efectos en la comunicación:
-Estado ideal para una comunicación plena y auténtica: atención y escucha, claridad de ideas y sentimientos, etc.

Sorpresa-Admiración

Sentimientos asociados: Admiración, interés, intriga, atracción, curiosidad...

Cambios fisiológicos:
-La sangre fluye hacia la zona estimulada (vista, oído, olfato, tacto...).

Respuestas y conductas:
-Nuestra atención se concentra en el estímulo que ha provocado la sorpresa.
-El arqueo de las cejas aumenta el campo visual y permite que penetre más luz en la retina, facilitando más información.
-Lo mismo ocurre con el resto de los sentidos.

Efectos en la comunicación:
-Favorece la comunicación cuando la sorpresa está relacionada con el objetivo de la misma, ya que ayuda a centrar toda la atención.
-El "efecto sorpresa" (lo que el auditorio no se espera) suele ser bastante eficaz para llamar la atención (sintonizar) de los receptores.

Desagrado-Asco

Sentimientos asociados: Incomodidad, malestar, disgusto, repugnancia...

Cambios fisiológicos:
-Lo mismo que la sorpresa, pero con el efecto contrario: se intenta evitar el estímulo.

Respuestas y conductas:
-Arrugamos la nariz como intentando evitar un olor desagradable, cerramos los ojos para no ver, nos damos la vuelta, tapamos los oídos...

Efectos en la comunicación:
-Los estímulos desagradables disminuyen la eficacia en la captación del mensaje.
-Evitación de los asuntos, desagradables, cambio del tema de la conversación, etc.

Tristeza-Melancolía

Sentimientos asociados:
-Decepción, pesadumbre, pena, decaimiento, desánimo...

Cambios fisiológicos:
-Disminución de energía vital.

-Enlentecimiento del metabolismo corporal: ritmo cardíaco, procesos hormonales...

Respuestas y conductas:
-Tendencia a la introspección, al aislamiento social.
-Atención hacia uno mismo, lo que siente y experimenta.
-Falta de entusiasmo por lo placentero y la diversión.

Efectos en la comunicación:
-La mirada sobre uno mismo dificulta la atención a las necesidades y sentimientos de los demás: menos empatía.
-El diálogo con uno mismo (introspección) puede ayudar a retomar las riendas y proponerse nuevos planes, pero también puede crear más aislamiento social.

2. Roles y personajes.

Estas son las tarjetas de rol y situación que daremos a cada uno de los equipos encargados de representar esta situación mientras leen el poema "Volverán las Oscuras Golondrinas" de Gustavo A. Bécquer:

Enojo-enfado.

Sois un grupo de padres y madres de familia reunidos porque os habéis enterado que vuestros hijos/as adolescentes, en lugar de quedar para estudiar juntos ayer sábado, se fueron de fiesta hasta altas horas de la madrugada. Comenzáis a hablar del tema y de las medidas que vais a tomar...

Sorpresa-admiración.

Sois un grupo de adolescentes que habéis ido a un concierto de rock de un grupo que está sonando mucho en la radio. De repente sale el grupo a escena y descubrís que el batería es el director del colegio, la cantante es la jefa de estudios y el resto de instrumentistas también son profes. Entonces comentáis entre vosotros/as...

Tristeza-Melancolía.

Sois un grupo de alumnos/as de primaria. A uno de vosotros se le ha muerto su mascota, un hámster al que todos conocíais y con el que habéis jugado, que se llamaba "bolichito". Estáis en el recreo del colegio y os cuenta la triste noticia de "bolichito"...

Alegría-Felicidad.

Sois un grupo de telefonistas de un call-center al que le ha tocado la lotería en navidades, en concreto el gordo, y cada uno llevaba varios décimos. Regresáis al trabajo tras las navidades y os dice el director que no hay presupuesto para comprar las nuevas sillas calefactadas que os había prometido. Entonces comentáis entre vosotros...

Desagrado-Asco.

Estáis en una importante reunión de ventas fijando objetivos, y de pronto notáis un olor extraño y desagradable. El compañero que está exponiendo de pié, no se ha dado cuenta que ha pisado una deposición de perro en la calle según entraba al edificio, y está dejando huellas en la moqueta de la sala dónde estáis reunidos. Entonces comentáis...

Temor-miedo.

Sois pasajeros/as de un avión y de repente notáis que comienzan turbulencias en cabina, cada vez mas fuertes. La sobrecargo avisa que estáis pasando una zona de turbulencias y que cada cual esté en su sitio con el cinturón de seguridad abrochado, y que como medida preventiva cada cual se ponga el chaleco salvavidas. Entonces vosotros y vosotras...

3. Aplicación en el aula.

Se trata de hacer *seis equipos de trabajo*, uno por cada una de las seis emociones básicas o raíces que vamos a trabajar. Son emociones "raíces" porque de ellas se derivan los demás sentimientos que conocemos con diversos nombres.

A cada equipo le vamos a entregar tres materiales de trabajo:

1. *Una ficha de su emoción*, para que la lean, se informen bien y luego la interpreten mejor, tal como la hemos presentado en el apartado 1 del encuadre teórico.

2. *Una tarjeta con la situación que han de representar* para los demás equipos, mientras recitan el poema "Volverán las Oscuras Golondrinas" de Gustavo A. Bécquer. La clave está en hacer un recitado del poema expresando esa emoción, tanto con el cuerpo como con el tono de voz. Pueden ponerse de acuerdo para hacer algún tipo de coreografía o performance, que sean todo lo creativos que quieran / puedan.

3. *Varias copias del poema "Volverán las Oscuras Golondrinas"*, al menos una copia para cada dos personas del grupo.

Les decimos que han de leer la tarjeta de su emoción para después interpretarla bien y que han de ensayar la lectura-recitado del poema con el tono de voz y expresividad típica de la situación que les ha tocado dramatizar: es decir han de imaginarse en esa situación, meterse en la emoción de la misma, y a partir de ahí recitar todos el poema.

Para evaluar esta actividad sugiero algunas preguntas para conversar entre todos los participantes:

1. ¿Por qué es importante comunicar desde diversas emociones, que aportan el proceso comunicativo?

2. ¿Por qué nos cuesta tanto a veces expresar cómo nos sentimos a los demás? ¿Nos han educado en la expresión libre y sincera de nuestras emociones?

3. ¿Sabemos "leer" las emociones en los demás a partir de su forma de comunicarse, sus gestos, su tono de voz? ¿Es esto importante, por qué?

4. A todos nos gusta experimentar siempre emociones positivas. Muchas veces no elegimos nuestras emociones más desagradables o difíciles, por eso debemos aceptarlas. "Lo importante no es lo que nos sucede, sino lo que hacemos con lo que nos sucede" ¿Qué significa esta frase hablando de emociones?

5. ¿Qué relación tiene nuestro lenguaje interior, nuestros auto-diálogos con nuestras emociones? ¿Podemos cambiar o gestionar nuestras emociones a

partir de nuestro lenguaje intrapersonal (interior) e interpersonal (con los demás).

Volverán las oscuras golondrinas.
Gustavo Adolfo Bécquer.

Volverán las oscuras golondrinas
en tu balcón sus nidos a colgar,
y otra vez con el ala a sus cristales,
jugando llamarán;

pero aquellas que el vuelo refrenaban
tu hermosura y mi dicha al contemplar;
aquellas que aprendieron nuestros nombres,
esas... ¡no volverán!

Volverán las tupidas madreselvas
de tu jardín las tapias a escalar,
y otra vez a la tarde, aun mas hermosas,
sus flores abrirán;

pero aquellas cuajadas de rocío,
cuyas gotas mirábamos temblar
y caer, como lágrimas del día...
esas... ¡no volverán!

Volverán del amor en tus oídos
las palabras ardientes a sonar;
tu corazón, de su profundo sueño
tal vez despertará;

pero mudo y absorto y de rodillas
como se adora a Dios ante su altar,
como yo te he querido... desengáñate,
¡así no te querrán!

COMEDIAS IMPROVISADAS

1. Encuadre teórico-situacional.

La comedia es "verdad y es también dolor", como nos dice John Vorhaus. Está hecha de situaciones en las que nos sentimos de algún modo identificados, porque nos podrían pasar a cualquiera de nosotros. Si además, cogemos esas situaciones cómicas ya de por sí, y las ponemos a funcionar en un contexto o rol diferente, los resultados, como yo he podido comprobar, son espectaculares en lo que a comedia y buen humor se refiere.

En esta dinámica se trata de pasar un rato ameno y divertido, generando comedia y buen humor, al tiempo que estamos trabajando nuestra creatividad, nuestra asertividad, nuestra capacidad comunicativa y una capacidad cada vez más necesaria según la psicología actual: imaginar o situar algo en múltiples contextos socio-referenciales, usar la *metáfora dramática* para ser más eficaces en nuestra comunicación. En concreto nos va a servir para:

-Mejorar nuestra capacidad de comunicación y de improvisar.

-Descubrir algunas claves de la comedia: situaciones que son "verdad" y que también son "dolor", por su cotidianidad, y sacar una situación de su contexto y ponerla en otro diferente.

-Relajarnos con el buen humor, soltando algunas barreras y máscaras que ponemos en la relación con otros.

-Potenciar un clima positivo en el grupo.

-Desarrollar nuestra creatividad narrativa, inventando diálogos en las situaciones propuestas.

-Aprender a ponernos en otro contexto, modelando las formas de actuar y de expresarse de otros personajes.

-Trabajar en equipo, en el caso de que hayamos prepararlo las situaciones-roles previamente en grupos.

Vamos a trabajar con una serie de *tarjetas de rol*, 15 en total, que invitan a actuar en la piel de ese personaje o rol. Ello implica que tenemos que hablar como habla ese personaje, movernos como se mueve, es decir, tenemos que ser capaces de "modelar" ese papel, pero, como veremos ahora, para hacer-decir algo muy distinto de lo que hace-dice dicho personaje. Por ello en las tarjetas podrá leerse: "Actúa como si fueras..."

Una de las claves de la comedia y el buen humor es, precisamente, *sacar una situación de su contexto habitual y ponerla a funcionar en otro contexto totalmente diferente*, por ello comprobarás que la dinámica enseguida hará reír y pasar un buen rato a todos y todas.

Para sacar al personaje y al rol de su contexto habitual, además de las tarjetas de rol, tendremos unas tarjetas de situaciones típicas difíciles o problemáticas, que son las que tendremos que combinar al azar y dramatizar desde ese rol: *la comedia está servida*.

2. Roles y personajes.

-Las 15 tarjetas de los **roles profesionales**:

Actúa como si fueras un **vendedor/a de mercadillo** anunciando ofertas e invitando a los clientes a comprar.

Actúa como si fueras **policía de tráfico** poniendo una multa a un conductor por aparcar en zona prohibida.

Actúa como si fueras un/a **guía turístico** enseñando un museo a un grupo de personas.

Actúa como si fueras un/a **terapeuta** dirigiendo una sesión con el paciente hipnotizado en un sillón.

Actúa como si fueras un **monitor/a de fitness** en plena sesión de pilates, abdominales, cardio, step, zumba, etc.

Actúa como si fueras un/a **líder espiritual** tratando de sembrar la bondad y las buenas obras en tus fieles.

Actúa como si fueras un **entrenador/a de baloncesto** dando instrucciones a tu equipo en un tiempo muerto.

Actúa como si fueras el **metereólogo/a televisivo** anunciando la previsión para los próximos días.

Actúa como si fueras un **Servicio de Asistencia Técnica automático** para incidencias sobre electrodomésticos.

Actúa como si fueras un **cocinero/a de un programa de televisión** explicando una receta a los televidentes.

Actúa como si fueras un/a **comentarista deportivo** narrando un apasionado partido de fútbol.

Actúa como si fueras **tripulante de cabina** explicando a los pasajeros del vuelo las instrucciones de seguridad.

Actúa como si fueras un/a **cuentacuentos infantil** que está narrando un cuento de fantasía y aventuras.

Actúa como si fueras una **estrella del rock** saludando a su público al comienzo del concierto.

Actúa como si fueras un **presentador/a televisivo de las noticias** y sucesos que han ocurrido esta semana.

-Las 15 tarjetas o listado de las **situaciones difíciles**.

Devolver una prenda defectuosa en la tienda de una buena amiga tuya.

Declarar tu amor a alguien sabiendo que tienes pocas posibilidades de éxito.

Pedir a tu jefe/a un aumento de sueldo en plena crisis de la empresa.

Pedir permiso a tu vecino de abajo para hacer una fiesta en casa con 30 amigos/as.

Explicar a tu pareja que llegas una hora tarde porque te has equivocado de lugar.

Devolver a un amigo el libro que te prestó, en el que se te derramó el café.

Pedir al profesor/a que por tercera vez os retrase la fecha de entrega de un trabajo.

Decir a los padres de tu novio/a que en realidad no te gusta la sopa de ajo.

Explicar en la gasolinera que, tras llenar el depósito, no llevas dinero encima.

Explicar a tu pareja que ayer olvidaste que era vuestro aniversario amoroso.

Devolver al camarero una copa por tercera vez porque tiene restos de carmín.

Decir a tu vecina que respete su turno en la panadería, ya que intentó colarse.

Enviar un mensaje comprometido por error a otra persona y pedirle disculpas.

Pedir disculpas a tu jefa por derramarle su copa de vino en una comida.

Abrir un regalo de tu pareja y decirle que en realidad ya tienes otro igual.

3. Aplicación en el aula.

La situación que habrá que representar en primera persona nos la darán, como ya he avanzado, unas tarjetas con 15 situaciones difíciles o complicadas.

Estas situaciones tienen un fondo cómico, porque tienen una parte de "verdad" y otra parte de "dolor", dos elementos claves de la comedia, según John Vorhaus. Representan situaciones que alguna vez nos han pasado, o nos podrían pasar a cualquiera.

Ambas cosas, las tarjetas con los roles profesionales y las tarjetas con las situaciones difíciles o comprometidas, estarán boca-abajo en la mesa, de tal forma que, de forma rotatoria, cada participante irá cogiendo una tarjeta-rol y una tarjeta-situación: ahora habrá de improvisar esa situación como si fuera lo que pone en la carta.

Si lo preferimos, podemos hacer grupos de dos-tres personas y asignar a cada grupo al azar una tarjeta-situación y una carta-rol, de forma que tendrán un tiempo para preparar la situación y representarla.

Otra posibilidad interesante de trabajar las situaciones difíciles o comprometidas es *pedir a los participantes que compartan ellos*, previamente a la actividad dramática, *algunas experiencias que hayan vivido de situaciones especialmente complicadas o difíciles*, las apuntamos en una lista, y luego *usamos esas mismas situaciones para representarlas* con el cambio de contexto, usando las tarjetas de roles profesionales.

Algunas preguntas que pueden guiar la reflexión post-actividad con estas:

- ¿Nos ha costado contar algo desde una óptica o contexto de rol diferente? - ¿Por qué estas situaciones han generado buen humor? - ¿Cómo nos sentimos después de esta actividad? ¿La risa nos hace sentir bien? ¿Vivimos en un mundo tal vez muy serio?

- ¿Recuerdas algunos cuadros o sketches cómicos conocidos? - ¿Identificas en ellos este cambio de contexto, de sacar una realidad de su sitio habitual y ponerla en otro?

- ¿Qué otras profesiones o roles podrían servir para hacer esta actividad? - ¿Qué otras situaciones que sean "verdad" y "dolor" pueden ser objeto de comedia y buen humor?

Y un último consejo desde mi experiencia: si haces la dinámica con varios grupos en el aula o espacio de trabajo, como he hecho yo, te recomiendo al final hacer una representación pública del pequeño sketch que más ha funcionado en cada equipo, aquél que ha resultado más cómico y espectacular. Con esto haces un buen cierre, e incluso esos pequeños sketches pueden servirte para crear buenos recursos cómicos a partir de ellos, unirlos todos en un hilo conductor, para elaborar una comedia, obra de teatro, etc.

DERROTISTA, REALISTA E IDEALISTA

1. Encuadre teórico-situacional.

Hay un interesante ejercicio en Programación Neurolingüística, que es una novedosa herramienta de la psicología de tercera ola, cuyos creadores son Richard Bandler y John Grinder, que consiste en imaginarse en tres posiciones perceptuales, simbolizadas en tres sillas de pensar, como si hablásemos con tres personajes imaginarios a modo de consejeros, cada uno de los cuales nos va a dar su opinión sobre un problema o decisión que vayamos a tomar. De tal modo que:

a) Hay un consejero/a *derrotista* que va a destacar los aspectos negativos y los problemas que nos va a acarrear la situación, el cambio o decisión que tomemos, subrayando todo lo que vamos a perder, así como los riesgos que vamos a correr.

b) Hay un consejero/a *realista*, que con objetividad y desde un principio de realidad, nos va poner los pies en la tierra, y nos va a centrar, aportando incluso datos y información más objetiva.

c) Hay un consejero/a *idealista* que va a destacar los aspectos más positivos, todo lo que vamos a ganar con el cambio y la decisión que tomemos, o lo que vamos a aprender y las oportunidades que se abren ante esta situación penosa que estamos pasando.

En este ejercicio de psicología, aplicado en terapia y también en desarrollo personal, no hay consejeros/as buenos ni malos, ya que todos nos aportan su punto de vista, y de todos esos puntos de vista, cada cual hará una síntesis, aprendiendo y eligiendo de cada uno de los tres aquellos aspectos que le puedan servir para comprender mejor su problema, o tomar mejor su decisión.

El *punto de vista derrotista nos aporta precaución* y cosas a tener en cuenta, o barreras a evitar, dado que se pone en la peor de las situaciones. El *punto de vista realista nos aporta objetividad*, desde las evidencias, experiencias anteriores e informaciones y datos de que disponemos. Y el *punto de vista idealista nos aporta las oportunidades y posibilidades* que se abren, la motivación, fuerza y espíritu necesario para ilusionarnos con la mejora, la solución o el cambio.

Pero lo cierto es que, ni es deseable sólo *el derrotismo que lleva al inmovilismo*, ni tampoco es deseable sólo un *idealismo que nos lleve a un activismo acrítico*. Ambos extremos representan limitantes formas de pensamiento radical, que desgraciadamente también se expresan en modos de pensar algunos proyectos sociales y políticos.

2. Roles y personajes.

A cada uno de los tres participantes en la dramatización se le dará una tarjeta informativa de su rol, para que represente muy bien su papel, de la siguiente manera:

DERROTISTA. Eres una persona a la que le gusta ponerse en lo peor, que analiza muy bien todo lo malo que puede haber en una situación, o que puede derivarse de ella. Piensas que muchas veces es mejor "quedarse como estamos" o "más vale lo malo conocido", ser precavidos y no lanzarse a mudarse o hacer cambios a la primera. Además, la experiencia nos dice que mucha gente fracasa y se hunde por haber tomado decisiones o haber hecho cambios sin plantearse los riesgos que iba a asumir.

REALISTA. Eres una persona bastante objetiva, realista, centrada y con los pies en la tierra. Piensas que las decisiones y los cambios no pueden tomarse a la ligera, ni implementar ninguna solución que antes no hayamos ponderado y evaluado bien en sus posibles consecuencias, ventajas e inconvenientes. La variable tiempo es importante: no conviene precipitarse, es mejor incluso esperar un poco a ver cómo evoluciona la situación, y tomar las decisiones con cabeza, basadas en evidencias y datos objetivos. Ante los retos, practicas una proactividad inteligente, basada en riesgos calculados y logros medibles.

IDEALISTA. Eres una persona optimista y soñadora, a la que le gustan los retos y los cambios, y que no dudas en tomar decisiones proactivas ante los cambios. Aunque haya problemas o situaciones difíciles, siempre ves en ellas una oportunidad de mejora personal y colectiva. Quien no se arriesga no cambia, el mundo es de los valientes, y en esta época de cambio e incertidumbre que vivimos, hay que ser proactivos y creativos para responder a los desafíos y problemas que se presenten. Quien no tiene un sueño, un ideal, hoy no tiene futuro, se queda obsoleto y atrapado en su zona de confort.

3. Aplicación en el aula.

¿Cómo hacemos esta dinámica? Bien, más allá del ejercicio personal que propone la psicología de imaginarse hablando con los tres consejeros/as pasando por tres sillas distintas, yo hago una propuesta de *dramatización con estos tres personajes* y sus puntos de vista derrotista, realista e idealista. Y en esta dramatización, además, el público irá anotando en una hoja, como diré ahora, las cosas con las que está o no de acuerdo, de modo que así al final cada cual sabrá si tiene más bien tendencia al derrotismo, al realismo o al idealismo, y cuánto de cada.

Pedimos entonces tres voluntarios/as que salgan a las tres sillas desde las cuales charlarán acerca de una supuesta mudanza, cambio importante que deban realizar o problema colectivo que deban afrontar. Conviene que sea una situación cercana a los participantes o al grupo en que se facilita la dinámica, incluso puede ser una situación o problema real que hayan vivido como grupo o comunidad de personas. Todo esto se hará sin decir nada previamente, sin explicar a nadie los tres puntos de vista que van a representar.

Bien, una vez que cada cual ha leído bien su tarjeta de rol, que puede estar boca-abajo en cada una de las sillas, se plantea el problema, situación o reto a debatir entre los tres, y al resto del público participante les diremos que estas tres personas, cada una de ellas desde su punto de vista o sus preferencias en la vida, van a dialogar sobre la situación planteada. Por su parte, cada persona del público irá tomando notas de cosas que le llamen la atención, en concreto les sugerimos que tomen nota en dos columnas o mitades en una hoja de papel de la siguiente manera:

a) Una primera columna o mitad del papel para aquellas *cosas o aspectos que escuchen con las que no están de acuerdo*, o no se sientan identificados, es decir, que ellos/as de ninguna forma actuarían así en esta situación.

b) Una segunda columna o mitad del papel para aquellas *cosas o aspectos que escuchen con los que sí están de acuerdo* y se sienten realmente identificados porque reflejan más ciertamente lo que sería su forma de ser y actuar en esta situación.

La dramatización también puede incluir, a partir de un momento determinado, *preguntas del público* si vemos que el debate no está muy animado. Lo importante antes de finalizar la dramatización, es asegurar como facilitadores que *las tres actitudes (derrotista, realista e idealista) han quedado suficientemente explicadas y representadas.*

Tras la dramatización y el posible debate posterior con todos y todas, el facilitador/a revelará (y no antes) en qué consisten *las tres actitudes o posiciones perceptuales* que han sido representadas, incluso puede hacer referencia a que es una técnica de Programación NeuroLingüística, si se trata de estudiantes de psicología o psicoterapia.

Puede también comentar que, en realidad, lo que han visto *representa el pensamiento cada uno de nosotros dialogando con sus tres consejeros/as* interiores, y que este proceso en cierta medida nos ocurre a todos alguna vez, aunque no seamos muy conscientes de ello.

Entonces se invitará a cada participante del público para que reflexione, desde las notas que ha tomado en las dos columnas en su hoja de papel, acerca de *qué actitudes son sus preferidas y cuáles son las menos preferidas o relevantes* ante los retos y desafíos de su vida, y con ello tendrá un mapa más claro de su modo de ser y actuar ante los problemas y retos.

También tendrá un pista de *qué consejeros/as usan menos y tal vez podrían consultar más* antes de tomar una decisión o analizar un problema, para tener una mejor perspectiva de mismo.

TEMEROSO, CUIDADOSO Y TEMERARIO

1. Encuadre teórico-situacional.

Temeroso, Cuidadoso y Temerario son tres personajes que representan las tres actitudes que podemos tener ante los peligros y riesgos de cada día. Es decir, cuando hablamos de prevención de riesgos y de accidentes, no basta sólo con dictar unas normas y protocolos, o enseñar a las personas a manejar una serie de utensilios adecuadamente, a tener en cuenta su postura corporal haciendo determinadas tareas, etc. Si no intervenimos también al nivel más profundo de las actitudes, es decir, pensamientos, creencias y sentimientos, realmente no ayudamos para construir una auténtica *cultura del cuidado*.

La *persona temerosa* no corre ningún riesgo porque su propio temor la paraliza y la disocia de sus capacidades. Se trata de un miedo irracional y paralizante, exagerado, y por tanto disfuncional. Siempre se pone en lo peor y piensa que va a pasar lo peor, se visualiza de forma frecuente teniendo percances y accidentes.

La *persona cuidadosa*, también puede sentir cierto miedo, pero es un miedo "bueno", racional y funcional, que nos pone en estado de precaución y prevención, pero no nos paraliza ni nos disocia de nuestras capacidades, sino que nos adaptamos a las circunstancias para seguir manteniendo el cuidado propio y de los demás.

La *persona temeraria* no siente ningún tipo de miedo ni respeto por los peligros y riesgos, muchas veces por la fábula personal que se cuenta así misma de que a ella nunca le pasará nada, de que es alguien especial y superdotado/a, y por tanto su comportamiento es de desafío constante al peligro, aumentando así sus probabilidades de sufrir daños en sí mismo y en otros. Otras veces por desafío a la autoridad y sus normas de seguridad, que no se cree ni respeta.

2. Roles y personajes.

Las tres tarjetas que representan los roles de temeroso, cuidadoso y temerario, que usarán los participantes según indico en el apartado siguiente, son estas:

Temeroso/a.

Eres una persona bastante miedosa en general, te sueles poner en lo peor y piensas que va a pasar lo peor ante los riesgos y peligros: si algo puede salir mal, saldrá mal. Esta actitud temerosa te lleva a que todas las precauciones y dispositivos son pocos, es mejor siempre llevarlos por triplicado: triple mascarilla, triple guante, triple casco. Pero, si uno puede quedarse en casa o incluso en un búnker o una isla desierta hasta que pase el peligro del todo, eso es lo mejor. De todos modos el mundo es un lugar bastante inseguro en general.

Cuidadoso/a.

Eres una persona en general precavida y cauta, que como todas las personas siente miedo y respeto por los riesgos, pero es un miedo funcional y bueno porque te ayuda a tomar las debidas precauciones, y también a ser inteligentemente valiente y proactivo/a, actuando siempre desde una información veraz, oficial y actualizada. Entiendes ser cuidadoso/a con uno mismo y con los demás, por ello te proteges tú para proteger también a los demás, y procuras ser embajador/a de esta protección mutua en tu entorno, recordando a otros las medidas de protección vigentes y adecuadas.

Temerario/a.

Eres una persona arriesgada y valiente a la que no le importa correr riesgos, y consideras muchas de las medidas y dispositivos de protección como un estorbo y un atropello a la libertad de hacer las cosas como uno desea. Las normas siempre te parecen exageradas y excesivas, puestas por una autoridad que al final lo que quiere es controlarnos y privarnos de nuestra libertad para hacer las cosas a nuestra manera. Además, tú eres alguien con suerte a quien nunca le pasa nada, tienes como ese ángel de la guarda que siempre te cuida y protege. Por eso tú te arriesgas y aciertas, y haces las cosas antes y mejor que los demás. Si alguna vez te ocurre algo la culpa es de los demás.

3. Aplicación en el aula.

Para aplicar y facilitar esta dinámica basada en la dramatización por equipos en el aula, podemos seguir los pasos siguientes:

Paso 1. Hacemos equipos de tres personas (una persona por tarjeta), les damos las tres tarjetas y de forma aleatoria han de asignárselas (por ejemplo, cada tarjeta en un sobre cerrado, o bien boca-abajo). Ahora les pedimos que piensen en una situación / supuesto / norma de seguridad y salud, y la representen en una conversación con los tres personajes de las tarjetas, hablando entre ellos/as.

Paso 2. Representamos todas las situaciones en todos los equipos, y tras las mismas, haremos una lluvia de ideas con pos-it y rotuladores, exponiendo lo que suelen pensar y suelen hacer cada uno de estos tres personajes / actitudes en diversas situaciones de la vida, o en el entorno en que estemos facilitando la dinámica (la empresa, por ejemplo). Lo podemos organizar y situar en un panel grande de este modo:

Personaje / actitud	Suele DECIR...	Suele HACER...
Temeroso		
Cuidadoso		
Temerario		

Es importante destacar que *nuestro lenguaje* interno y externo (lo que pensamos y lo que decimos de forma espontánea) *suele estar alineado con nuestros comportamientos*, y por tanto, un cambio en el pensamiento, suele llevar aparejados cambios en el comportamiento o viceversa, por la propia coherencia y equilibro interno que todos tendemos a buscar.

Podemos hacer una segunda ronda de ideas con pos-it centrándonos en concreto en la PREVENCIÓN y CUIDADO en el ámbito de la pandemia COVID19:

128

¿Cómo son y están los tres personajes / actitudes frente al COVID19? ¿Qué hacen y dicen?

Paso 3. Una vez realizado el panel con todos los personajes, nos vamos a centrar en CUIDADOSO/A (todos pueden ponerse en masculino y/o femenino) para elaborar el perfil o retrato robot del mismo en clave de COVID19 (o de otro ámbito de salud y prevención que nos interese trabajar), de cara a tener un referente y perfil válido para la empresa, entidad, grupo o la ciudadanía.

Paso 4. Si se desea, a partir de aquí se pueden elaborar diversos productos de aprendizaje a partir de los 3 personajes, como eslóganes y frases rimadas, guiones teatrales breves, o incluso productos de información y prevención dirigidos a las familias y a los niños y niñas de centros educativos en formato de cuentos, canciones, etc.

César García-Rincón de Castro
www.cesargarciarincon.com
Madrid (1966).

Doctor en Sociología, Licenciado en Sociología Industrial y Diplomado en Trabajo Social.

Ha recibido el Premio Santillana 2000 y el Premio Experiencia Didáctica en el Área de Letras, del CDL-Madrid, ambos por un proyecto de Educación en la Solidaridad con alumnado de Bachillerato. Medalla de doctor de la Universidad Pontificia de Salamanca.

Ha publicado una treintena de libros y manuales didácticos en editoriales como Desclée, Narcea, PPC, SM, Anaya, Vicens-Vives y Homo Prosocius.

Conferenciante, formador y consultor a nivel nacional e internacional de proyectos educativos y pedagógicos en varias Fundaciones, Congregaciones, Empresas y Organismos Públicos.

Ha sido responsable del Departamento de Trabajo Social del Colegio Ntra. Sra. del Recuerdo (Compañía de Jesús – Madrid) desde 1990 hasta 2006. Pionero en España de la Educación Prosocial y el Servicio Social en la escuela desde un enfoque curricular.

Ha sido profesor colaborador de la Universidad Pontificia Comillas de Madrid, así como colaborador en la revista Padres y Maestros de dicha universidad. Ha sido coordinador del Curso de "Especialista Universitario en Educación para el Desarrollo Global. Investigación, Innovación y Metodologías". También es profesor colaborador en la Universidad de Andorra, dentro del Curso sobre Cooperación al Desarrollo y Voluntariado.

Consultor internacional de los Centros Educativos Compañía de María, dentro del proyecto de Educación para el Desarrollo "Identidad Cosmopolita Global, que ha diseñado y puesto en marcha en España, Francia y Colombia. Ponente en el *I Simposio Internacional de Identidad Cosmopolita Global* en Medellín y Bogotá (Colombia), en septiembre de 2016.

Director del área educativa y social de la Fundación Europea para el Estudio y Reflexión Ética, desde la que ha desarrollado ya un modelo educativo de Ética Social en la infancia y un modelo de Liderazgo Ético para desarrollar en las organizaciones.

Profesor colaborador en varias universidades: Universidad Pontificia Comillas, Universidad de Andorra, CEU Cardenal Herrera de Valencia y Real Centro Universitario Mª Cristina de El Escorial.

Experto en dinámicas de grupo y recursos didácticos, que comparte en su canal de YouTube y en el sitio www.cocinandoaprendizajes.org

Músico y compositor profesional, especializado en canción pedagógica infantil. Creador de los populares "Emoticantos", para la educación emocional y prosocial de la infancia, que se trabajan ya en muchas escuelas y centros educativos de todo el mundo. El abril de 2018 ha formado a 50 educadores/as infantiles sobre el programa Emoticantos en la Universidad Manuel Montt de Santiago de Chile, en un Seminario organizado por la revista de psicopedagogía REPSI Chile.

Creador de varios modelos y recursos pedagógicos innovadores relacionados con el área del desarrollo de personas: liderazgo, competencias y habilidades, relaciones eficaces, terapias breves, gestión de conflictos, espíritu emprendedor, inteligencia emocional, Programación Neuro-Lingüística, etc.